José Augusto Amstalden

I0504617

POR TRÁS DOS JUROS BANCÁRIOS

FEBRABAN responsabiliza o Governo, Congresso, Poder Judiciário e a Sociedade pelos juros altos, mas não os próprios Bancos

1ª edição

Editoração Eletrônica: BBIW Conexões Inteligentes, por Augusto Amstalen Neto

Ilustração Capa: Gerd Altmann por Pixabay

Revisora: Professora Neide Poli

Este livro contempla as regras do Acordo Ortográfico da Língua Portuguesa de 1990, que entrou em vigor no Brasil.

POR TRÁS DOS JUROS BANCÁRIOS

Sobre o Autor

JOSÉ AUGUSTO AMSTALDEN é Professor de Direito Processual Civil, advogado com vasta experiência em Direito Bancário e Contratual, no Mercado Financeiro e de Capitais, com Graduação e Mestrado em Direito Constitucional pela Universidade Metodista de Piracicaba, cursando Pós Graduação em Direito Empresarial da FGV Campinas e Pós Graduação em Finanças, Investimentos e Banking, pela PUC/RS, ex-advogado do quadro de carreira do Banco do Brasil.

ÍNDICE

ME. JOSÉ AUGUSTO AMSTALDEN

UM ESPAÇO ABERTO NO MERCADO FINANCEIRO

FINTECHS COMEÇAM A FORÇAR MUDANÇAS DOS BANCOS – IMPACTO NA REDUÇÃO DOS ABUSOS

PALAVRAS FINAIS

REFERÊNCIAS BIBLIOGRÁFICAS

APRESENTAÇÃO

Navegar no mercado financeiro é como navegar em alto mar. Por maior que seja a embarcação que nos abrigue, sempre haverá ondas e tempestades capazes de sacudir ou mesmo afundar essa nossa embarcação. Por vezes, deparamo-nos com momentos de calmaria também. Familiarizamo-nos com a maresia. Apreciamos a paisagem, mas a menos que nos mergulhemos em suas águas, jamais conheceremos os segredos de sua profundeza.

Assim como o mar, o mercado financeiro é também um mistério. O mergulhador precisa se preparar para enfrentá-lo, mas sempre haverá surpresas. Boas e ruins. Portanto, a experiência de quem nos precedeu é sempre importante lição ou motivo para reflexão e constante aprendizagem. Nesse mar não existem meias verdades. Dificilmente espaço para erros.

Nesta primeira obra, com esse mergulho inicial, nosso objetivo é tentar contribuir um pouco para a educação financeira. A rigorosidade científica sempre é fundamental. Respeitando o rigor do conteúdo técnico, e com o intuito de alcançar um público amplo, a escolha foi seguir uma construção com uma linguagem um tanto liberal na sua forma de expressão, adotando uma linguagem mais flexível, pelo simples fato de estar tratando de um assunto que, por si só, tem uma conotação um tanto complicada. Caso contrário, teríamos optado por uma obra essencialmente jurídica e dentro dos padrões de publicação científica.

Os efeitos dos juros bancários, conhecemo-los desde que abrimos nossa primeira conta corrente ou fazemos nosso primeiro empréstimo. Só não entendemos como se formam esses juros e por que razão são tão altos no Brasil. As explicações são muitas. Nem sempre satisfatórias. Os textos publicados sobre esse tema normalmente o são para pessoas do ramo, que conhecem profundamente seus meandros. Nossa ousadia, respeitados os grandes conhecedores, foi tentar trazer ao leitor, um pouco dos bastidores da formação dos juros bancários, numa visão inicial que lhe permita compreender a beleza e, ao mesmo tempo, o jogo de poder e a diversidade das ciências que esse tema traz em sua essência.

Se pelo menos parte do que aqui é tratado puder contribuir para o enriquecimento pessoal do leitor, dentro de um aprimoramento pessoal, esta pequena obra já terá alcançado o seu objetivo.

O Autor

PREFÁCIO

Muito me honrou ter sido convidado por JOSÉ AUGUSTO AMSTALDEN para prefaciar sua obra intitulada *Por trás dos juros bancários*, na qual são abordados temas relacionados ao assunto cuja leitura flui de maneira fácil e coerente. Não poderia ser diferente tendo em vista sua ampla experiência como professor titular de Direito Processual Civil na Universidade Metodista de Piracicaba onde se graduou (1987) e conquistou o título de Mestre (2000). Atualmente, cursa Pós Graduação em Direito Empresarial da FGV Campinas e, também, Pós Graduação em Finanças, Investimentos e Banking, pela PUC/RS. Desenvolve consultoria nas áreas de Direito Bancário, Contratual e Econômico no Mercado Financeiro e de Capitais, assim como Empresarial e Administrativa Pública, focando nos temas: contratos, legislação na ordem econômica e financeira, responsabilidade civil e tributário.

Com vasta qualificação e capacitação, o autor nos brinda com esta obra que aborda temas de alta complexidade, tais como: EDUCAÇÃO FINANCEIRA PARA COMPREENSÃO DO CUSTO DO CRÉDITO, O CRÉDITO NO BRASIL e, em especial, O QUE ENTRA NA FORMAÇÃO (COMPOSIÇÃO) DO SPREAD, tendo em vista ser este último um item de grande relevância para a compreensão, pela sociedade civil, no que se refere à composição das altas taxas de juros praticadas pelo sistema financeiro, assim como a elevada margem de lucros bancários.

Portanto, a leitura desta obra trará ao leitor leigo, à academia (professores e alunos) e aos operadores de Direito o embasamento necessário para a formação de opinião, assim como para a construção de uma cidadania crítica e cônscia quando da necessidade de contratação de crédito com instituições financeiras e/ou quando da decisão sobre a aplicação dos seus rendimentos.

Meu desejo é que o leitor aproveite cada momento deste livro entendendo ser de grande valor para a sua formação integral como indivíduo atuante numa sociedade que tem por objetivo o estabelecimento de um capitalismo social.

João Miguel da Luz Rivero
Doutor em Direito Constitucional pela PUC/SP
Bacharel em Ciências Jurídicas e Mestre em Direito Constitucional pela Unimep

INTRODUÇÃO
AO TEMA

Não há qualquer possibilidade de vivermos sem bancos. Mas nem eles sem nós. Assim como não mais conseguimos viver sem computadores e celulares. Nunca existiu modelo tradicional de celular e computador. Suas evoluções em tecnologia e criatividade são constantes. Bancos possuem uma história tradicional há décadas. Só evoluíram tecnologicamente. Até agora.

Nosso processo evolutivo igualmente não tem volta. Só uma catástrofe natural ou eventual guerra atômica mudaria o cenário. No mercado financeiro, a tecnologia possibilitou o surgimento das *fintechs*, empresas de tecnologia financeira, em recentíssimo e exclusivo modelo, nascidas em pequenas *startups*, que vieram inclusive para enfrentar os dinossauros bancários.

Também não há que se falar que tais *startups* são ameaças aos bancos. Ao contrário, conforme o perfil destas, presenciamos até projetos sendo desenvolvidos em parceria com os bancos. Porém, registramos igual desconstrução sem volta. Desconstrução do modelo bancário que não vinha evoluindo, exceto no seu poder de lucratividade, já que a cada semestre os lucros dos bancos no Brasil excedem qualquer lógica.

As *fintechs* também vieram para ficar, e pouco mais também não viveremos sem elas, queiram ou não as instituições financeiras. Corretoras e fundos terceirizam a elas parte de seus serviços. O aumento de clientes das *fintechs* é significativo a cada mês. Isso porque elas conseguem oferecer serviços muito mais baratos do que tais instituições e ainda de forma mais célere. Estão acelerando a visualização que antecipávamos de que, não muito longe, os atendimentos em agências bancárias iriam se reduzir a um percentual muito inferior ao que representam hoje.

Logicamente que isso depende também de maior inclusão social, com amplo acesso de todas as classes sociais à internet e aos celulares. O que também ocorrerá naturalmente porque esse é o desenho do futuro. E a inclusão, nesse caso, tem, antes de tudo, um caráter econômico. Algumas *fintechs* já se especializam no público "desbancarizado", ou seja, no público de baixa renda que praticamente movimenta apenas dinheiro ou cheques e cartões de terceiros.

Os bancos nunca foram muito adeptos à inclusão social, porque clientes de baixa renda, na verdade, não lhes interessam. Ou não lhes interessavam... Até que essas *fintechs* agreguem esse público-alvo.

A interação entre *fintechs* e bancos também será limitada, caso contrário, as *fintechs* desaparecerão ao serem praticamente encampadas pelos bancos, nas parcerias que ocorrem. E muitas não têm interesse em desaparecer, mas sim em captar parte da rentabilidade que até então somente era um privilégio exclusivo dos bancos e de algumas outras instituições financeiras.

E, na medida em que as *fintechs* também passaram e passam a oferecer cada vez mais os principais serviços bancários sem a cobrança das pesadas tarifas de serviços, dos quais muitas vezes os clientes sequer necessitam, mas que, na maioria delas lhes são impostas como fator de reciprocidade (arrumo o empréstimo, mas você adquire tais e tais produtos), um ponto específico começou a chamar a atenção dos clientes e da sociedade e com o qual, de certa forma, estávamos todos "acostumados" no Brasil: os juros estão excessivamente altos.

Excessivamente e injustificadamente altos, a despeito de estarmos registrando a menor taxa básica de toda a nossa história, desde a criação da SELIC. E por isso, por existirem empresas de tecnologia financeira que conseguem oferecer praticamente os mesmos serviços que os bancos a um custo infinitamente menor, a atenção da sociedade se desperta para o fato de que alguma coisa está efetivamente muito errada quanto ao percentual de juros praticados pelos bancos.

Tanto é que a própria FEBRABAN (Federação Brasileira de Bancos) acaba de publicar a segunda edição de uma pequena obra na qual se tenta explicar as razões de os juros no Brasil continuarem altos. Também falhando nessa segunda edição, como ocorreu na primeira (conforme ataques ferrenhos da imprensa contra a primeira edição), a FEBRABAN perdeu novamente a oportunidade de trazer uma posição de transparência e esforço de comprometimento na redução gradual dos juros de seus bancos, mostrando que, na verdade, não tem interesse algum nisso.

Para tanto, repete a receita nessa sua segunda edição, responsabilizando exclusivamente o Governo, o Congresso, o Poder Judiciário e a Sociedade como um todo, pelas altas taxas de juros. O que é lamentável. Faz-nos lembrar da história do filho que responsabiliza exclusivamente seus pais pela ausência de caráter próprio.

Ou seja, a FEBRABAN, na condição de representante de todas as instituições bancárias, continuou a não convencer, nessa sua segunda tentativa, de que a responsabilidade pelos juros altos não é dos bancos.
Comprometeu ainda mais sua credibilidade e a credibilidade da sociedade em suas argumentações ao manter sua inflexível posição de que a responsabilidade pelos juros altos se deve somente a fatores exógenos e a terceiros, mas nunca aos próprios bancos, o que é absolutamente inaceitável. Também não apontou em sua referida obra se os bancos estariam efetivamente interessados em fazer a sua parte na redução dos juros, ainda que com o custo de redução desse histórico de sua lucratividade, sempre se justificando no que chama de *spread*.

Spread **é uma fórmula, uma metodologia de apuração de qual deve ser a taxa de juros dos bancos, considerando uma série de fatores**. É um bicho de sete cabeças, uma Hidra de Lerna, uma Medusa, para qualquer leigo. Mas precisa ser minimamente compreendido para ser atacado em seus desvirtuamentos.

> De saída: *spread* **NÃO corresponde aos lucros dos bancos, mas a MARGEM DE LUCRO DOS BANCOS está contida no** *spread*.

Muitos pensam, equivocadamente, que o *spread* corresponde ao lucro dos bancos. Esse pensamento denota que as informações a respeito, ou não são compreendidas, ou são repassadas sem conhecimento real do assunto. O principal objetivo destas reflexões, portanto, é contribuir para que o leitor compreenda a formação do *spread* sob dois aspectos: primeiro, sua formação como metodologia de cálculo; segundo, a existência de elementos subjetivos levados em consideração na formação das taxas de juros e na sua manutenção em patamares elevados (mas sem culparmos o Governo, Congresso, Poder Judiciário ou a Sociedade).

Além disso, pretende-se, aqui, registrar e ampliar o debate social de como a manutenção das altas taxas de juros neste momento histórico de sua menor taxa básica, está a incomodar praticamente todos os segmentos econômicos, empresariais e sociais, a ponto de, coincidentemente ou não, a FEBRABAN ter editado a segunda edição da sua cartilha que "aponta" os caminhos para fazer os juros serem mais baixos no Brasil.

Esses caminhos realmente são importantes e devem ser seguidos, mas, sem dúvida, **foram engenhosamente desenhados para imputar o ônus da redução dos juros exclusivamente a terceiros**. A FEBRABAN, em momento algum aponta a parcela de responsabilidade dos próprios bancos nessa ausência de redução, ou mesmo explica qual será sua própria contribuição como federação desses bancos, gerando tal cartilha considerável desconforto em toda a comunidade brasileira.

Ao transferirem esse ônus da redução dos juros exclusivamente às Instituições que mencionam, os bancos perderam uma excelente oportunidade de contribuir, com honestidade, apontando também qual deve ser a sua participação nesse trabalho de redução dos juros, como por exemplo, na correção e modificação dos critérios que aplicam na metodologia de apuração dos custos efetivos de captação e da intermediação financeira (correção de metodologia do cálculo do *spread*). **Além disso, poderiam ainda explicar como compensariam ou se estariam dispostos a aceitar a redução dos seus lucros decorrentes da redução dos percentuais de cobrança de seus próprios juros sem sangrar a sociedade com outros produtos, vendas casadas ou mesmo tarifas cobradas indevidamente**, visando tão somente à manutenção histórica de elevação constante de seus lucros.

Um fato público e notório, numa visão jurídica simplificada, é aquele que não precisa ser provado. A concentração bancária e a elevação semestral das margens dos lucros bancários na esfera sucessiva de bilhões de reais são fatos públicos e notórios, além de estarem devidamente registrados nas páginas do site do BACEN (Banco Central do Brasil) e nos balanços das próprias instituições financeiras. Tal concentração bancária e outros fatores que deveriam ser atacados e observados pelos bancos como contribuição pessoal na redução das taxas de juros (fatores estes aqui também expostos), quando são mencionados nas publicações de interesse dessas instituições, o são apenas para serem refutados superficialmente.

CAPÍTULO I

Três cenários decorrentes de fatores externos influenciaram diretamente esta obra, sendo dois deles registrados em fatos ocorridos durante o período de sua escrita, e um terceiro que correspondeu a um estudo não tão recente, mas indispensável para compor os destaques que ora fazemos questão de registrar. Foram eles:

CENÁRIO 1 – INDIGNAÇÃO DA SOCIEDADE COMO UM TODO

Ano de 2019. Início de um questionamento forte contra a prática dos juros altos em nosso país. Sem volta. Não há como prever os resultados, principalmente para os bancos em geral e demais instituições de créditos autorizadas a funcionar pelo Banco Central do Brasil. Um início histórico de transformações para o setor. Beneficiar-se-á a instituição financeira que souber fazer a leitura antecipada dessa nunciação subliminar.

Após muitos anos silente frente à concentração bancária no Brasil (praticamente 5 grandes bancos dominam o mercado), vemos o BACEN trabalhar para aumentar a competitividade no sistema bancário, como por exemplo, regulamentando as operações das *fintechs*, facilitando o investimento de capital estrangeiro em instituições financeiras nacionais, permitindo maior liberdade aos fundos, reduzindo privilégios de tratamento para bancos públicos, reabrindo espaço novamente para agentes financeiros de menor porte com vistas à expansão dos créditos maleficamente contida pelos atuais participantes do sistema financeiro, reclassificando créditos para a área imobiliária e de infraestrutura, pressionando pela sua própria independência institucional, enfim, saindo da sua prolongada omissão.

Com a menor taxa histórica dos juros básicos (taxa Selic), com sua redução atualmente para 4,25%, índice nunca dantes alcançado, até mesmo a Comissão de Assuntos Econômicos (CAE) do Senado Federal está cobrando sistematicamente e cada vez mais das lideranças representativas do BACEN e, indiretamente, dos próprios bancos, também redução em suas taxas. A CAE, inclusive, ameaça rejeitar futuras indicações para a diretoria do BACEN, caso não ocorra adequação, para começo de conversa, das taxas do cheque especial a um patamar mais racional e compreensível, ante a queda tão grande dos juros básicos. Ainda que de duvidosa eficácia, pode se dizer que houve algum resultado inicial com alterações nos juros dessa linha de crédito.

Certamente, a despeito de pressões anteriores, também os juros dos cartões de créditos deverão ser objeto de nova confrontação política, eis que taxas médias de 150% a 300% ao ano não se explica ou se justifica nem através de bola de cristal. Modulações são e serão impostas ou cobradas.

A manutenção de juros altos no sistema bancário em contraposição à queda sistemática da taxa Selic estartou um posicionamento de indignação em todos os níveis e em todas as camadas sociais e empresariais.

A resposta dos investidores, também na busca de melhores alternativas de investimento, tem contribuído para a reaplicação de recursos em outras modalidades financeiras que não as apresentadas apenas pelos bancos tradicionais, inclusive retirando os recursos dos bancos para aplicações em outras financeiras. Muito ainda vai ocorrer em termos de novas alternativas que permitirão ajudar a desenhar um novo panorama para pressionar a redução dos juros bancários.

O Estado iniciou, pela primeira vez, um modelo de mudanças estruturais da economia, mudanças estas também reclamadas pelos bancos; porém, no caso destes últimos, ainda que tais mudanças ocorram, não se vê a concretização das promessas de redução dos juros e altos *spreads*. Um recente exemplo disso é a aprovação da reforma na Previdência, reclamada pelos bancos como indispensável, sem, contudo, representar a redução de um único ponto percentual nas taxas médias praticadas por eles. Outro exemplo ocorreu quando da aprovação da atual Lei da Recuperação Judicial e Falência, em que os bancos prometiam a redução dos juros com sua aprovação garantindo determinados créditos privilegiados. Foram atendidos. Mas não caiu um único percentual dos juros. E agora, nova pressão dos bancos para aprovação de novas exigências para o projeto da nova reforma da mesma lei, prometendo novamente redução dos juros. Promessas vãs?

A despeito da cautela do COPOM (Comitê de Política Monetária) na sinalização de um limite para a extensão do ciclo de corte dos juros básicos, temos estudos do próprio Bradesco e do *Credit Suisse* que apontam para tal redução sistemática da taxa básica. Mas, apesar de tudo isso, a curva dos juros bancários, ao contrário do que se esperava, em muitas linhas, implicou em uma alta de várias taxas, decepcionando o mercado e as pessoas. Novamente os bancos na contramão.

Os bancos respondem que, além do *spread*, a redução dos juros depende também de um reequilíbrio fiscal, fortalecimento da poupança doméstica (e aqui é que citam a reforma da Previdência), aumento de produtividade como a redução da burocracia e o investimento em educação e inovação, dentre outros fatores que, num ambiente macroeconômico, também contribuiriam para a redução dos juros. Correto. Mas suas taxas de juros alimentam o próprio monstro que pregam existir.

E o equilíbrio fiscal, com a adoção das medidas apontadas pelos bancos, para ser concretizado, também depende da prática de juros não excessivos, adotada pelos bancos, eis que muitas dessas políticas só são possíveis através de financiamentos obtidos no próprio sistema financeiro. E bancos existem para isso mesmo: financiar. Não é à toa que o Governo é o maior cliente dos bancos. Porém, reclamam das medidas e aplicam juros altos que vão na contramão dos resultados esperados. Esse paradoxo precisa ser esclarecido e enfrentado de forma correta.

Cenário 2 – Publicação da segunda edição da cartilha da FEBRABAN responsabilizando o Governo, Congresso, Poder Judiciário e a Sociedade pela prática dos juros altos pelos bancos.

> **De saída: Vamos corrigir a visão de que bancos agem sempre corretamente. Bancos não devem ser vistos como sempre corretos. Nem em seus contratos, nem em suas conduções nos relacionamentos com clientes e devedores. Se agissem sempre de forma correta, o BACEN não estaria sistematicamente a editar Resoluções obrigando as instituições financeiras a observarem os princípios da equidade, boa-fé contratual e demais normas internas coercitivas, como por exemplo, a Resolução 3.694/09, e tampouco o Poder Judiciário estaria constantemente corrigindo desequilíbrios contratuais.**

Coincidência ou não, ante essa cadeia de reações negativas à manutenção e elevação dos juros pelos bancos no momento de menor taxa de juros básica, a FEBRABAN – Federação Brasileira dos Bancos publica a segunda edição da obra *Como fazer os juros serem mais baixos no Brasil – uma proposta dos bancos ao Governo, Congresso, Judiciário e à Sociedade.*

Como de se esperar, extremamente bem estruturada e escrita, porém pecando, como sempre, pelo corporativismo exacerbado (talvez isso nem pudesse ser diferente), a publicação da Federação dos Bancos, falando em nome dos bancos, ironicamente apresenta esse coquetel de procedimentos a ser observado pelo Governo, Congresso, Judiciário e pela Sociedade como um todo, repassando a estes o papel e o ônus de contribuírem quase que exclusivamente com ações para a redução dos juros bancários.

A isso podemos chamar de transferência de obrigações e imputação de responsabilidade, sendo que, porém, na prática, os elevados lucros só cabem ao crítico, e a conta, aos criticados. Na obra da FEBRABAN não se encontra uma única linha em que a responsabilidade na parte que cabe aos bancos na redução dos juros seja abordada ou, ao menos, abordada com isenção de ânimos.

Literalmente, a FEBRABAN responsabiliza pela manutenção das altas taxas de juros no Brasil, a despeito da menor taxa histórica da taxa Selic, as seguintes entidades, e nessa ordem:

a)   Governo;
b)   Congresso;
c)   Poder Judiciário; e
d)   Sociedade.

Cabe a pergunta: e a proposta da FEBRABAN sobre a contribuição dos bancos nessa busca de redução das suas taxas de juros? Não há propostas, mas justificativas condicionantes: "se" o Governo fizer isso; "se" o Congresso fizer aquilo, aprovando tal lei com benefícios aos bancos; "se" o Judiciário deixar de decidir de tal forma em prejuízo dos bancos; e "se" a sociedade se comportar de tal maneira, adimplindo todas as suas obrigações de pagar os contratos sem atrasos.... **então a FEBRABAN e os bancos garantem a queda dos juros**.

Caso o leitor pretenda conhecer o conteúdo da obra mencionada, pode baixá-la gratuitamente no site da FEBRABAN.

Mas o presente estudo não foi estruturado para ser uma crítica a tal publicação. Houve uma coincidência entre o momento em que estava sendo preparado e a divulgação da segunda edição da referida obra. Então, sua abordagem não pôde ser deixada de lado, principalmente frente à reação de toda a Sociedade ante a manutenção inexplicável das taxas de juros nos patamares atuais. E, como muito das argumentações defensivas daquela obra vão **de** encontro à análise aqui desenvolvida, não há como não direcionar parte dos comentários de forma comparativa.

Como já o dissemos e agora o frisamos, semanalmente os principais segmentos da sociedade e da imprensa, além do Congresso

Nacional, tem cobrado uma posição a respeito do assunto. Para exemplificarmos, o VALOR ECONÔMICO, em 2019, registra no artigo sob o título "Bancos ainda não repassaram queda da Selic a clientes" a ausência de repasse proporcional da redução da Selic registrada entre maio e agosto do mesmo ano, e isso para não mencionar períodos anteriores nos quais a queda da Selic também veio ocorrendo de maneira gradual e sistemática.

Como este trabalho tem como escopo evitar a reprodução de gráficos e de estatísticas para não fazer de sua leitura um exercício cansativo, os percentuais e valores aqui reproduzidos como informações foram buscados tanto no site do Banco Central do Brasil, como também reproduzidos fielmente dos dados fornecidos pela imprensa séria, e podem ser facilmente conferidos.

Nos últimos cinco anos, a lucratividade dos cinco principais bancos brasileiros foi muito elevada e, a cada balanço, aumentada ainda mais. Isso é bom. Bancos capitalizados representam também segurança. Mas o fim em si (lucratividade a qualquer custo) não justifica o meio pelo qual tal lucratividade é construída.

Portanto, como podemos visualizar uma redução dos juros a patamares justos, decentes e verdadeiramente proporcionais à nossa realidade, se isso implicará em elevada redução desses lucros bancários que se acumulam a cada semestre? Não temos a resposta, mas a sociedade está exigindo-a.

O sistema financeiro como um todo é extremamente complexo. O papel dos bancos nesse Sistema é muito importante. Também não se nega que muitas das observações da FEBRABAN procedem totalmente. O que não se verifica é o nexo causal entre discurso e prática. Um exemplo disso pode ser verificado quando, conforme mencionado, em vésperas de aprovação da atual Lei de Recuperação Judicial e Falência, a pressão dos bancos para sua aprovação se sustentava na argumentação básica de que, somente com tal aprovação, os juros poderiam cair. Não caíram. E agora, no texto da FEBRABAN, reiteram que um dos fatores para a redução dos juros seria a aprovação de nova lei de recuperação e falência que viesse beneficiar o recebimento dos créditos pelo banco. Ou seja, o seu discurso tem um cunho político: bonito e convincente, mas nem sempre aplicado.

O que se verifica é uma repetição de padrões. O mesmo se falava da possibilidade administrativa de se consolidar a garantia. A lei da alienação fiduciária hoje permite isso e, em recente alteração, melhorou ainda mais os procedimentos para consolidação da garantia num prazo relativamente pequeno e sem necessidade de qualquer intervenção judicial. Milhares de processos judiciais para recuperação patrimonial de bens alienados fiduciariamente já não são mais necessários quando as garantias contratuais são constituídas por alienação fiduciária.

As avaliações dos bens dados em alienação são sempre feitas para venda rápida, para evitar perdas (por insuficiência de bens) para os bancos. A perda causada por essas subavaliações fica também por conta do devedor inadimplente. Os bancos alegam que não é interessante consolidar os bens. Não é o interessante, mas é a forma mais rápida de recuperação. E existe toda uma estrutura de leilões eletrônicos, muitas vezes até de duvidosa seriedade, que viabiliza rapidamente os compradores dos bens a "preço de banana". E novamente a FEBRABAN, em seu livro, simplesmente ignora também essa conquista. E tampouco os juros caíram um único percentual no cálculo do *spread*, apesar desse avanço significativo em favor dos bancos credores.

A parte da conversa, todavia, que navega pelo âmbito dos riscos políticos (risco Brasil) como um dos fatores que não permitem a redução já pende ao bom senso. O Brasil hoje está mais institucionalizado. Em raras exceções, as declarações e tomadas de rumos políticos afetam instantaneamente todos os segmentos do mercado. A realidade é outra. A despeito da governança que está historicamente institucionalizada em nosso meio, as decisões políticas não impactam mais na economia como antes. Nem por isso essa nova percepção contribuiu sequer para redução de juros de 0,1% no impacto do *spread*. O Brasil tem esse perfil de "risco" político desde a Proclamação da República. E atualmente está até muito melhor ante os cenários nesse período histórico.

Tal argumentação já não encontra mais nenhum respaldo de credibilidade. Apesar dos "riscos" políticos, nossa história já consolidou essa configuração a ponto de sequer o mercado financeiro, econômico ou mesmo a sociedade se afetarem mais, na prática, com tal risco político, com raríssimas exceções. E esse risco é subjetivo demais. Não tem como ser quantificado. É fruto de mais um tipo de especulação no interesse de quem o projeta. E isso não é só no interesse dos bancos não.

Essa alegoria ao risco político corresponde a um verdadeiro estereótipo, uma imagem preconcebida de um risco que, na verdade, não é diferente de nenhum outro país de potencial econômico semelhante ao nosso. Essa postura padronizada e generalizada de risco político nem é mais estabelecida pelo senso comum, mas dela se apropria a FEBRABAN como algo certo, republicano, para definir e limitar uma situação há muito inexistente e descaracterizada. Mas, como aparência de uma verdade, como se verdade fosse, essa apropriação é utilizada como projeção de risco já não mais existente (pelo menos na dimensão que projeta), com vistas a "inflacionar" o cálculo do *spread*. E também utilizada com o intuito de continuar a justificar um dos fatores de risco ao adimplemento e à impossibilidade de redução dos juros.

Do maior ao menor escalão funcional dos bancos, mais profundamente sentida pelas gerências e funcionários de agências, a imposição de metas de resultados só tem crescido com mais exigência, a despeito dos juros altos, a fim de que os lucros também continuem elevados. Ao contrário, ao invés de existir um ponto de equilíbrio, as imposições de metas sempre são no sentido de se obter resultado ainda melhor no semestre seguinte, principalmente se comparando entre os maiores bancos. Com todos os impactos trabalhistas, portanto, que os próprios bancos causam em seus aspectos objetivos e subjetivos a seus empregados, eles mesmos reclamam que a intervenção da Justiça do Trabalho nas condenações eleva os seus custos administrativos, alegando ainda que isso contribui significativamente para a manutenção de um *spread* que não permite juros reduzidos. Inconsistência e incoerência absolutas. Atualmente, a carreira bancária, depois da jurídica, é a que mais desajusta psicologicamente seus emprega-dos no decorrer dos anos ante o estresse a que são submetidos, com elevada repercussão na propositura das demandas trabalhis-tas. É como se os bancos estivessem a "correr atrás do próprio rabo".

Outro ponto substancial que nunca é considerado pelos bancos como passível de ser revisto corresponde à metodologia de cál-culo dos juros, pela aplicação de capitalização composta. A ca-pitalização composta dos juros é tão perversa quanto a sua taxa percentual.

Ora, se os juros já são altos, então o cálculo do *spread* poderia levar em consideração esse fator, reconhecendo que os benefícios de sua capitalização composta, em muitos casos praticada de forma diária, também correspondem a um *plus* no seu ganho agregado aos seus juros altos.

Poderia haver uma "compensação". Juros capitalizados, mas com taxas muito mais baixas. As duas situações no atual cenário cor-respondem a um abuso sem precedentes. Mas não. Capitalizam-se os juros, que já são abusivos, tornando-os ainda mais abusivos com essa metodologia extorsiva. E a FEBRABAN se abstém de tocar no assunto desde que, a partir de 2001, a capitalização foi aceita pelos Tribunais, após seu intenso lobby, por muitos anos, a ponto de convencer o Judiciário a mudar sua posição radi-calmente, já que vinha sistematicamente afastando tal capitali-zação diária e mensal (só admitindo a anual, que é mais justa e correta). Simultaneamente, trabalhou pela edição da Medida Pro-visória 2.170/01, consolidando espaço para a Súmula 529 do STJ.

Foi como dizer, no jargão financeiro, que os Tribunais foram

convencidos de que bancos podem agir ao arrepio da lei (no caso Lei da Usura), podendo cumular taxas de juros extorsivas potencializadas ainda mais pela capitalização irracional desses juros. Afastou-se a aplicação, nesse caso, da possibilidade de discussão real da violação do equilíbrio contratual entre as partes, da boa-fé contratual, de justiça social e econômica. Capitalização praticada por instituições financeiras é legal, relegando para o segundo plano as diretrizes básicas do próprio Código de Defesa do Consumidor, aprovado para corrigir justamente esses vícios de contrato.

Chegaram os bancos a esse ponto de convencimento sem muita dificuldade, porque compreender o sistema financeiro, seu funcionamento e suas particularidades, é difícil até mesmo para os profissionais do próprio mercado financeiro e de capitais, quiçá para o Poder Judiciário, mesmo porque nos cursos de Direito não constam disciplinas curriculares que capacitem o profissional do Direito e seus futuros juízes para lidar com temas tão complexos.

De resto, a FEBRABAN soube bem tirar proveito dos seminários muitas vezes preparados para os julgadores dos Tribunais Superiores. Mesmo assim, após obterem pacificação da legalidade para a capitalização diária e mensal dos juros, com posterior vitória também no Congresso, não se verificou, em um só momento histórico desde então, que "legalizar" a capitalização dos juros iria contribuir para a sua prometida redução, ou ainda corrigir falhas no cálculo do *spread*.

E agora, novamente, visando obter novas decisões favoráveis sobre temas que são sinônimos de outras tantas abusividades contratuais dos bancos (**não é porque é banco que se autua somente na licitude**) é que passam a adotar uma crítica sistemática visando transferir parte da "culpa" e da responsabilidade pelos juros altos ao mesmo Poder Judiciário. Assim, inicia-se, por parte da FEBRABAN, um novo procedimento de tentativa de convencimento de que quem está errado é o Poder Judiciário. Isso com intenção de mudar as decisões judiciais que corrigiam os abusos bancários, de modo a lhes permitir auferir ainda mais vantagens contratuais, a qualquer custo, mesmo que indevidas e impropriamente inseridas em suas cláusulas contratuais, abusivamente estruturadas em favor exclusivo do lucro.

Por fim, é interessante para os bancos a impossibilidade (ou omissão?) de até mesmo o BACEN poder verificar, coibir e autuar frente também às manobras contábeis e de formação do *spread*, que fatalmente implicaria em drástica redução dos juros. E tampouco se fala, e tampouco o BACEN se posiciona sobre os tantos casos de especulação bancária. Resta agora, como resposta reversa, aguardarmos os desdobramentos das *fintechs* e o fortalecimento dos Fundos num histórico de ampla concorrência.

CENÁRIO 3 – UM ESTUDO DA FIPECAFI E AS ALTAS TAXAS NÃO CONVINCENTES

Também não há como falar sobre *spread* bancário sem estudarmos em paralelo o artigo intitulado "Apuração do *spread* da Indústria Bancária", produzido por solicitação da própria FEBRABAN e publicado pela FIPECAFI - Fundação Instituto de Pesquisas Contábeis, Atuariais e Financeiras, que é uma entidade privada, sem fins lucrativos, criada em 1974 por professores do Departamento de Contabilidade e Atuária da Faculdade de Economia, Administração e Contabilidade da Universidade de São Paulo (EAC-FEA-USP), entidade à qual está vinculada.

A despeito de ser um trabalho datado de 2005, ainda é bastante atual e uma referência para o tema, razão pela qual parte do presente estudo encontra raízes também em tal publicação, além das informações e estatísticas fornecidas pelo site do Banco Central do Brasil.

Referido artigo da FIPECAFI, por ser extremamente técnico e científico, não abre mão das fórmulas, dos cálculos e da metodologia de apuração dos *spreads* e nem o poderia. Porém, não sendo nosso objetivo compreender as fórmulas matemáticas (ou pelo menos tentar) utilizadas pelas instituições bancárias para se chegar à mencionada diferença de taxas (captação x empréstimo), o presente estudo se debruça nas principais considerações de cunho teórico levantadas no artigo mencionado, como por exemplo, o caso do detalhamento do modelo de formação do *spread*. Além dessas considerações teóricas, buscou-se também traçar outras considerações relevantes que vão além da simples formulação financeira do seu cálculo.

O estudo da FIPECAFI consolidou a crença em uma série de fórmulas matemáticas de cálculo de custos em que se justifica até a projeção de um percentual de inadimplemento nos cálculos do *spread*, lembrando que tal inadimplemento responde como um dos fatores preponderantes de elevada manutenção das taxas de juros. Matematicamente, com base em médias percentuais que medem os níveis de inadimplementos registrados no passado, projeta-se um percentual de risco de inadimplemento futuro, inclusive levando-se em consideração também elementos subjetivos, como o risco Brasil. Com isso, chega-se a um percentual de inadimplemento **a ser respondido pelo cliente que paga seus financiamentos em dia**, a ponto de parte então dos juros que os bancos cobram corresponderem à cobertura dessa **estimativa** de perdas com o calote que ele, banco, **pode vir a sofrer**. Fantástico isso (para os bancos).

É como um mundo paralelo onde essa informação técnica desafia a lógica direta e surpreende pela sua capacidade de convencimento. Um exemplo disso: em sua entrevista concedida à revista Veja n. 2656, em outubro de 2019, o presidente do Banco Central do Brasil, Roberto Campos Neto, falando da necessidade da independência do Banco, à pergunta: "apesar da queda da Selic, os juros do cheque especial e do cartão de crédito continuam subindo. Qual a explicação para isso?", respondeu que "eles não só não têm caído como, na ponta, têm subido. Precisamos reinventar esses produtos. **O que acontece na prática com o cheque especial é que, quando um cidadão tem um limite alto e não o usa, isso tem um custo para o banco. Então, na verdade, quem uti-**

liza hoje o cheque especial e o rotativo do cartão de crédito está pagando por quem não usa. Precisamos consertar isso."

Ou seja, em seu discurso, o próprio presidente do Banco Central, na oportunidade, admitia essa metodologia perversa, sem razão de ser.

Ainda que possa existir uma lógica para tal explicação, ela nos acena como, se não algo ilegal, ao menos imoral. Mas também insana. Tratar e falar que o adimplente deve responder pelo pagamento do inadimplente, e o usuário do limite do cheque especial deve pagar pelo custo de disponibilização desse limite ao não usuário, como se fossem argumentações lógicas e normais, acaba por nos mostrar que esse modelo não mais se sustenta dentro da boa-fé e honestidade contratuais.
Falar de taxas de juros anuais de 150% a 400% ao ano ou mais, como se fossem taxas de juros normais para a economia de um país, beira ao insano. Muito mais quando se justificam tais percentuais sob a alegação matemática de inadimplemento projetado para ser suportado por quem paga sua conta bancária em dia. E tal "normalidade" nos é vendida pelas instituições financeiras, pelos órgãos de controle dessas taxas no mercado, pelos técnicos do próprio Banco Central e demais agentes pertencentes a esse mundo financeiro, como absolutamente natural. E por justamente não conhecermos e não conseguirmos compreender esses fatores subjetivos que movimentam essa "normalidade" das taxas exorbitantes, é que então passamos a realmente acreditar que tais taxas são "normais". "Acredito porque não entendo e não tenho argumento para contrapor". Isso é o que ocorre.

Exemplificativamente, tomemos como analogia um campo de concentração, onde a tortura, a fome, a desnutrição também passam como se fossem algo "normal". O que se repete como verdade inquestionável passa a ser assim considerada, pelo simples fato de não ser compreendida corretamente, ou por se achar normal que isso ocorra nesses locais. Mas o anormal não pode ser considerado normal pelo simples fato de estarmos acostumados à anormalidade. Fosse isso, Hitler estaria absolutamente correto, historicamente falando. Absurdo, portanto.

A formação do *spread* bancário não é de fácil compreensão. As explicações para as razões de os juros bancários no Brasil serem extremamente elevados **parecem** (frise-se: apenas parecem) estar corretas em muitos pontos. Mas nem mesmo o BACEN tem como averiguar ou conferir se estão corretas as informações lançadas pelas instituições bancárias no cálculo do *spread*. Parte é verificável. Mas como verificar a veracidade dos custos operacionais que cada banco lança no cálculo de apuração de seu *spread*? Como, por exemplo, o impacto da tributação na formação dos juros pode ser conferido pelo BACEN se estão corretos ou não nessa projeção? Não há como.

Veja só. Quando os bancos conseguem recuperar os seus créditos ou parte deles, essas recuperações, que já foram objeto de projeção de prejuízos no *spread*, por projeção no percentual de inadimplemento contido na taxa dos juros, são apropriadas no balanço como recuperação. Esses benefícios contábeis repatriados pelos bancos não são computáveis nesse estudo da FIPECAFI, que só analisou o impacto desse custo no dinheiro emprestado, mas não formula a contrapartida, em sua metodologia de cálculo, do quanto o percentual projetável de recuperação poderia aliviar o impacto de um *spread* elevado. Só computa uma projeção, portanto, a projeção que interessa aos bancos.

Com isso, fica até relativamente fácil convencer os Tribunais, únicos órgãos com efetivo poder de correção de tais distorções, de que tais taxas ou sua forma de capitalização são "normais", bem como taxas anuais de 150% de juros são igualmente "normais", principalmente pelo fato de terem sido contratadas "livremente", como se tivessem bancos a oferecer taxas de concorrência de, por exemplo, 30% de juros (em vez de 150%) para a mesma linha. Seria o custo do dinheiro como um todo. Um custo manipulado, mas um custo. Simples (?) assim.

Parte dessa acomodação na busca de respostas desmistificadoras passa, atualmente, a sofrer certo desconforto com a vinda das *fintechs* e de fundos dos mais variados. Ao responder ao consumidor com um atendimento em alguns segmentos bancários, sem se utilizar dessas absurdas taxas e outros onerosíssimos serviços, as *fintechs* e mesmo os fundos, em várias situações, começam a demonstrar a fragilidade da teoria dos juros elevados, bem como das fórmulas matemáticas e financeiras que os sustentam.

Uma nova dinâmica começa a se formar sobre esses temas sombrios, e há muito tempo mal explicados, como consequência da movimentação e da releitura imposta pelas *fintechs* que acabam por contribuir com mais algumas novas reflexões. A quebra dos paradigmas, até então incontestáveis, tem permitido verificar que o que até o presente momento é vendido pelos bancos, como "verdade inquestionável" de que os juros brasileiros elevadíssimos se justificam como se fossem realmente normais, não é verdade.

Acima de tudo, é uma questão de boa-fé nas relações entre cidadão, empresas, governos e Poder Judiciário, e bancos. Todos podem ganhar em um sistema financeiro equilibrado. Mas não do jeito que vem acontecendo há décadas em nosso país. Esse comportamento necessita ser revisado e alterado para o bem de todos. E quanto ao trabalho da FIPECAFI, apesar de sério e bem estruturado, não deixa de ser um trabalho encomendado pela própria FEBRABAN. Nessas circunstâncias, e com o devido respeito, acreditar piamente na total ausência de ânimo no seu desenvolvimento é como acreditar que Papai Noel pode até existir.

CAPÍTULO II

EDUCAÇÃO FINANCEIRA PARA COMPREENSÃO DO CUSTO DO CRÉDITO

Um dos principais objetivos da educação financeira deve ser estruturar as informações do mercado financeiro de modo que elas possam ser assimiladas com facilidade e objetividade por todos aqueles que não estão acostumados ao linguajar específico desse sistema. A rigor, este deve ser o propósito de todas as ciências e de toda divulgação de informações e capacitação de profissionais.

Porém, tal comprometimento com a educação financeira não pode afastar a ciência estruturada que existe nessa área de conhecimento. Assim, em se tratando também de ciência, o mercado financeiro deve se pautar pela divulgação plena e acessível da sua ciência, mas com rigorosidade em suas informações.

É comum vermos na mídia, ou nas conversas em geral, posturas jornalísticas, de críticos, ou ainda manifestações de pessoas mal informadas tecendo determinadas críticas ao sistema financeiro, decorrentes de posicionamentos emitidos sem base científica, estudos ou conhecimento prático do seu funcionamento.

A despeito disso, o Sistema Financeiro Nacional não está à margem de críticas sopesadas em estudos sérios, empíricos e que também refletem posturas econômicas (ou não), sujeitas ao crivo da ética e de análise conjunturais sérias.

O esforço deste trabalho, portanto, dentro dessa perspectiva de educação financeira, é tentar mediar os conhecimentos específicos dessa ciência, traduzindo em linguagem acessível as particularidades tão complexas desse assunto, sem, contudo, comprometer a sua essência.

Porém, essa "desconstrução" deve permitir, sem perder a rigorosidade técnica nas informações e análise de mercado, que todos os profissionais, principalmente os que atuam em áreas alheias à do Sistema Financeiro, possam compreender minimamente e com razoável segurança os meandros que permeiam também essa área de saber, cada vez mais presente e indispensável na vida do cidadão, das empresas, e de todos aqueles que, por curiosidade, necessidade ou profissão, necessitem dessa "tradução" de linguagem, em que se mantém o comprometimento científico na correta disseminação desse conhecimento.

Um tema importante que, direta ou indiretamente permeia a vida de todos nós, porque presente em cada financiamento, operação de crédito, compra, venda, relacionamento entre instituições financeiras e clientes, que faz girar a economia nacional, sem dúvida, é o denominado *spread* bancário.

Mesma via, a opção de apresentar à reflexão os vários pontos que nos ajudam a compreender (ou não) a trajetória de juros altos no Brasil, bem como as motivações que não permitem ou impedem a sua redução imediata e sistemática, tem o total respeito para com as medidas adotadas pelo Banco Central do Brasil ou mesmo pelos demais órgãos governamentais que trabalham com vistas a essa redução.

Além disso, finalizar a reflexão com uma análise introdutória ao novo segmento de empresas financeiras baseadas em tecnologia, quais sejam as *startups fintechs*, seus impactos atuais no mercado financeiro, bem como suas tendências evolutivas com reflexos diretos nas atividades bancárias tradicionais, também não será um trabalho fácil e não poderá ser feito fora dos parâmetros igualmente técnicos.

Esperamos com esta simples obra contribuir para essa compreensão e reflexão.

CAPÍTULO III

O CRÉDITO NO BRASIL

Sabemos que o crédito é indispensável para a economia de qualquer país, seja para impulsionar a atividade empresarial, viabilizar o aumento do consumo e a obtenção de bens e moradias, dentre tantas outras possibilidades. Por isso o nosso Sistema Financeiro Nacional disponibiliza todo um aparato de controle, liquidez e segurança, inclusive das instituições financeiras que o fomentam, em atendimento aos interesses do mercado.

No Brasil, todavia, o custo desse crédito se encontra entre os maiores do mundo, como já é público e notório, inclusive pelos relatórios de instituições nacionais e internacionais como também atesta o Banco Mundial. Sendo o crédito um fator determinante para a economia, em lógica reversa, e sendo caro tal crédito, a captação de recursos pelas pessoas físicas e jurídicas junto às instituições financeiras, ao mesmo tempo em que pode impulsionar seu crescimento, também pode comprometer a sua saúde.

O BACEN, muitas vezes atuando conjuntamente com os órgãos governamentais responsáveis pelas políticas econômicas e financeiras no Brasil, sistematicamente vem olvidando esforços para redução desse custo do crédito buscando inclusive redução do *spread* bancário, com intuito de, com tal redução, permitir maior oferta no volume de crédito, maior saúde financeira às empresas e permitir maior crescimento econômico no país, zelando também pelos impactos sociais.

Em razão disso, o foco do BACEN tem sido o de melhor equalizar a diferença verificada entre o custo de captação do dinheiro no mercado *versus* taxa de juros cobrada pelos bancos na disponibilização das suas linhas de créditos.

Porém, o BACEN também sabe que o *spread* bancário não é o único (ainda que seja o maior) responsável pelo alto custo do crédito no Brasil, e, consequentemente, pelo alto percentual dos juros praticados no nosso sistema financeiro pelas instituições bancárias e creditícias. Mas, de qualquer forma, iniciamos o presente estudo compreendendo a formação do *spread* bancário e seu impacto na taxa de juros para, num segundo momento, compreender os demais fatores que, somados ao elevado *spread,* por muitas vezes impossibilitam a redução do custo do crédito em nosso país.

Analisando a linha de crédito mais cara depois dos cartões de créditos, deparamo-nos com a seguinte matéria no jornal Valor econômico, em 19.08.2019, que colocou em manchete: "Juro do cheque especial resiste no maior nível em 25 anos".
Em resumo: antes de 2015, com a intervenção do governo forçando os bancos públicos na redução das taxas do cheque especial com vistas a provocar uma redução do custo do crédito no país, as taxas médias, em geral, ficaram na casa dos 155%. A partir de 2015, como o Banco do Brasil (BB) e a Caixa Econômica Federal (CEF) vieram perdendo o fôlego financeiro, voltaram a subir as suas taxas de juros do especial para recompor suas margens. Em 2013, suas taxas mínimas chegaram a cair para 60,8% ao ano, no caso da CEF, e 80,4% ao ano, no caso do BB. Com a perda do fôlego, subiram, respectivamente, para 298,9% e 298,5% ao ano. Por sua vez, os demais bancos privados, paralelamente, chegaram ao patamar de juros médios, a 322,23% ao ano.

Foram vários os diagnósticos apresentados: alguns especialistas, reservadamente, disseram que o mercado (entenda-se todos os demais bancos e instituições de crédito) se aproveitou para migrar para um patamar mais alto depois que o BB e a CEF começaram a subir suas taxas. O BB e a CEF se utilizaram desse segmento do cheque especial para implementar a alta alegando que ele permite uma rápida recomposição de receitas por ser linha de curto prazo com estoque rapidamente renovável.

Ouvido outro técnico da área, este justificou que a dinâmica de concorrentes seguirem os preços dos bancos líderes não estaria a refletir necessariamente a estrutura oligopolizada (que reconhece existir) do setor, porque a recessão e a fraca recuperação da economia colocam os bancos em uma posição mais defensiva, restringindo a oferta de crédito e cobrando juros mais altos, principalmente, por exemplo, ser o cheque especial uma linha mais arriscada. Outro especialista apontou que caiu a importância da linha de cheque especial para os bancos, desde 2001, de 7,5% para 1% de representação de disponibilização dessa carteira pelos bancos, uma vez que os clientes de melhor perfil migraram para outras linhas mais baratas, permanecendo os clientes de perfil mais arriscado no cheque especial.

Por sua vez, o BACEN apontou que o cheque especial é responsável por uma margem média de 10% da margem de juros líquida, gerada pelo crédito do sistema bancário. Também o BACEN aponta que, desde 2010, o Conselho Monetário Nacional restringiu a cobrança de tarifas pelos bancos, o que está contribuindo para a manutenção dos juros altos; é uma possível ocorrência de subsídios cruzados no cheque especial, ou seja, os bancos tendem a compensar nos juros do cheque especial a parcela perdida das tarifas que cobriam parte dos custos das contas correntes.

A FEBRABAN, por seu lado, atribui parte das causas aos fatores como o aumento de impostos (exemplificando o IOF que representaria quase oito pontos percentuais na taxa final desse produto), a inadimplência relevante e na média de 14,1% nessa carteira, e a auto regulação dos bancos que incentivaram a migração para linhas de crédito mais baratas.

Além de todas essas explicações, não percamos de vista também a fala do BACEN de que o custo desse cheque especial é repassado aos seus usuários para compensar os que não o utilizam. Essa lógica é igualmente perversa.

A divergência de tais posicionamentos ou mesmo a soma de todos eles até pode corresponder a uma parte do diagnóstico sobre as razões de o crédito no Brasil ser tão caro. Mas são eles insuficientes. Porém, no cálculo do *spread* referente a essa linha de crédito, temos a influência dos mesmos fatores que levam as demais linhas de créditos a patamares tão altos, ainda que o do cheque especial detenha a maior taxa de juros (após os cartões).

Assim, importante se faz propiciar uma compreensão dos principais fatores que contribuem para esse enriquecimento sem deixar de apontar também as distorções registradas que concentram tanta riqueza em um único segmento, riqueza esta que poderia, sem dúvida, também permitir maiores e melhores financiamentos em nossa economia, com maior fomento industrial, comercial e pessoal, sem que isso comprometesse as mesmas metas alcançadas pelos bancos. Esse fomento, em parte, não ocorre porque o volume de transações é menor do que o volume americano (com quem, por exemplo, estamos comparando a liquidez ante os bancos brasileiros), porque há mais concorrência por lá, além do fato de que os bancos americanos ganham no volume, e os brasileiros, nas elevadas taxas de juros e produtos.

Também, durante a revisão deste trabalho, o Conselho Monetário Nacional adotou medidas para redução da taxa de juros do especial para 8% ao mês, totalizando 151,8% ao ano (portanto, ainda extorsivo), motivado pela sua capitalização composta (contra uma média mensal atual de 12,38% e 305,8% ao ano). Admitiu que tal linha de crédito possa ser objeto de portabilidade, ou seja, de transferência da dívida para outra instituição financeira que esteja cobrando juros ainda menores. Mas nenhum banco é obrigado à sua adesão. Ademais, em contrapartida, podem os bancos cobrar um percentual, uma espécie de taxação, sobre o limite disponibilizado, como forma de compensar o "prejuízo" dos bancos, falando o português claro. Na prática, o leitor acha que os bancos que vão aderir já não fizeram as contas? As razões são compreensíveis, mas quaisquer tentativas de previsão das consequências corresponderão a mero exercício de futurologia.

O único ponto positivo é que, podendo até ficar indiretamente mais caro, a tendência do correntista será a de se livrar o mais rápido possível da disponibilização desse limite por parte de seu banco.

Qual será o impacto também disso nos *spreads* bancários? Não o sabemos, ainda que possamos imaginar.

OS JUROS NO BRASIL

Se o cliente busca um financiamento de veículo em um banco, normalmente vai perguntar, e o banco lhe responder, qual a taxa de juros mensais que será cobrada. Sim, os juros são apresentados pelos bancos com a "taxa mensal". Tecnicamente está correto, mas confunde o tomador, pois ninguém consegue calcular de cabeça esses juros pela forma composta como são cobrados. Portanto, dentro do princípio da boa-fé contratual e da transparência entre os contratantes, o correto seria informar o juro anual, mas aí as taxas demonstrariam o quanto são extorsivas. E se ainda formos nos atentar para o custo efetivo desse empréstimo, vamos mesmo querer sair correndo.

Quantas pessoas entendem de cálculos financeiros? Pouquíssimas. E as que entendem necessitam trabalhar com uma calculadora financeira nas mãos (celular vai ser difícil) e tentar realizar alguns cálculos para saber o impacto real dos juros cobrados de forma capitalizada (ou exponencial, que são os juros sobre os juros incidindo diariamente ou mensalmente uns sobre os outros). Nem tais profissionais conseguem visualizar esse custo dos juros sem a calculadora específica. Quanto mais nós, reles mortais nesse submundo das finanças!!

Se todos conhecem ou têm mínima noção do que sejam os juros, têm-no apenas superficialmente, pelo menos quanto à metodologia de seu impacto no contrato. Mas não conseguem compreender sua deformação sistêmica. Tampouco o Poder Judiciário consegue visualizar a dimensão dessa distorção, a despeito de ser o único Órgão com poder de correção de tais deformações. Assim é que, muitas decisões, sem saber como resolver o problema por falta de compreensão técnica, justificam-se com a expressão "se você contratou, pague" (o famoso *pacta sunt servanda*), relevando a análise dos desequilíbrios contratuais, muitas vezes, por simplesmente não estarem devidamente preparados para tanta complexidade.

Toda operação financeira em que existe a figura de um captador de um empréstimo e a de um fornecedor do crédito está atrelada à cobrança de uma taxa de juros que nada mais é o preço que se cobra dessa mercadoria emprestada (dinheiro). É o preço cobrado do crédito dentro de um contexto temporal, que corresponde ao prazo que esse recurso fica emprestado.

A taxa de juros é polêmica já na forma de sua constituição e na forma de seu cálculo exponencial em um contrato. Inclusive, existem vários tipos ou denominações de juros, cada um levando em consideração diferentes metodologias de cálculos e fixação de percentuais.

Melhor dizendo, várias são as MODALIDADES das taxas de juros no Brasil. Temos taxas praticadas em função das operações contratadas, como por exemplo, taxas de juros para descontos de duplicatas, crédito pessoal, cheque especial. Temos as taxas de juros para remuneração de aplicações: poupança, CDI, CDBs... Em relação às taxas praticadas no mundo, temos a Selic no Brasil, a Libor inglesa, a *Federal Funds* Americana, e assim por diante.
Os mais conhecidos na legislação são os juros compensatórios ou remuneratórios, cobrados pela utilização do valor emprestado x prazo do empréstimo. Juros moratórios são aqueles cobrados como outros juros adicionais aos juros que já estão sendo cobrados na parcela (remuneratórios) pelo atraso no pagamento do valor principal. Temos ainda, como metodologia de cálculo, os juros simples e compostos. Estes dois últimos se referem ao regime ou forma de cobrança de um juro compensatório. Os juros simples correspondem à forma de incidência dos juros sobre o capital, sem que se somem aos juros anteriores, e compostos quando a taxa é somada ao valor total do empréstimo, incidindo

ME. JOSÉ AUGUSTO AMSTALDEN

uma sobre a outra, razão pela qual se diz que nesse regime registram-se juros sobre juros.

O que se tem, portanto, é um nome para vários conceitos e modalidades de juros. Os juros compensatórios, por exemplo, são definidos por sua taxa de juros nominal, que corresponde à taxa de juros envolvendo a relação de juros sobre o valor emprestado, diluídos nas unidades das prestações a serem pagas durante o empréstimo. Se emprestarmos 100 por um ano, e pagarmos 110, temos uma taxa de juros nominais de 10% ao ano. Se pegarmos esses juros nominais pagos durante o ano e descontarmos o valor da inflação ou do nível dos preços registrados nesse período, **teremos a taxa de juros real**.

Por sua vez, se vamos estruturar uma operação com taxa de juros de retorno de capital, essa taxa vai considerar o rendimento real do capital investido, sendo sua aplicação e metodologia de cálculo um tanto mais complexa e restrita a determinadas operações financeiras vinculadas à medição da produtividade do capital tendo em vista a taxa real de retorno. Isso porque essa taxa busca a eficiência marginal do capital, que é aquela taxa de desconto que equaciona o preço de um ativo de capital fixo com o valor descontado atual da renda esperada.
Esse conceito, significativamente mais complexo, foi criado por John Maynard Keynes, economista britânico cujas ideias mudaram fundamentalmente a teoria e a prática da macroeconomia, bem como as políticas econômicas instituídas pelos governos de sua época, com utilização até os dias atuais.

À exceção dos juros moratórios (juros por atraso), a maioria das pessoas se refere à taxa de juros como se fosse uma única. Independentemente da nomenclatura que se dê a essa taxa de juros, todas elas exprimem uma remuneração pela disponibilização de um recurso ao seu tomador. Há sempre alguém que poupa (poupador) para que um terceiro (tomador) se utilize desse exercício de poupar, pagando determinados juros ao poupador. E nesse meio do caminho temos as instituições financeiras autorizadas a emprestar, captando do poupador mediante uma remuneração geralmente nanica, e repassando ao tomador por uma remuneração maior, contemplando nessa diferença de percentual pago e percentual cobrado a sua parte de lucro, através do cálculo desse custo do dinheiro que lhe permite obter um ganho líquido, chamado *spread* (mas que, na verdade, este ganho está inserido no *spread*).

A complexidade das taxas de juros, porém, nem se dá tanto pelas suas nomenclaturas que, como dissemos, acabam por unificar o sentido dos juros como se fosse um único tipo. A variação da taxa é que é o grande peso, visto que se altera conforme o risco de crédito sobre o qual se levam em consideração os prazos dos contratos, o perfil do tomador, as garantias envolvidas, reciprocidades entre investidor e captador, fatores econômicos e políticos, sendo que quanto maior o risco e maior o prazo, maior será a taxa de juros.

A falta de competição no sistema financeiro igualmente impacta negativamente elevando as taxas. As taxas dos empréstimos direcionadas ao consumidor do mesmo modo refletem o risco do crédito, variando muitas vezes também conforme o resultado da economia e, especificamente neste caso do consumo, a incidência do que chamamos de **defaults**, ou seja, descuido, negligência ou omissão por parte do consumidor quando do pagamento dos seus créditos parcelados.

Para equacionar esse constante equilíbrio remuneratório entre poupador e tomador, o Governo, através de seu sistema financeiro, administrado pelos seus órgãos de controle, cria uma taxa básica de juros, balizadora da economia brasileira. Isso porque ela influencia a inflação, o crescimento da poupança e do investimento, com repercussão em toda a economia, e deveria influenciar também as próprias taxas de juros praticadas pelos bancos, para cima ou para baixo.

CAPÍTULO IV

Para entendermos a formação dessa taxa de juros básica, faz-se necessário trilharmos um caminho de informações.

O SELIC E A SELIC

Na formação da taxa de juros básica, correspondente à taxa de juros paga sobre títulos da dívida pública do governo brasileiro, tem-se um importantíssimo instrumento de controle da política econômica e equilíbrio financeiro no país. Portanto, para se compreender o *spread*, e mesmo a sua formação, faz-se indispensável termos uma noção mínima do que seria a taxa Selic.

Convém, inicialmente, chamarmos a atenção para a diferença entre O Selic e A Selic.

O SELIC é um sistema. **A** SELIC é uma taxa de juros. O mercado monetário negocia títulos públicos e privados. Esses títulos são **escriturais**, ou seja, não existem fisicamente (ocorrem apenas mediante transações eletrônicas). Dois são os sistemas especiais responsáveis pela negociação desses títulos: **O** *Selic* e **A** *Cetip*.

O SELIC (**Sistema Especial de Liquidação e Custódia**) é um sistema que executa a custódia (guarda) dos **títulos públicos** de emissão do Tesouro Nacional. Esse sistema registra, controla e liquida as operações com esses títulos, sendo que a liquidação ocorre em tempo real. Existe desde 1979.

Portanto, controla a compra e venda desses títulos ao tempo que mantém a custódia física e escritural (eletrônica) deles. Enquanto o Selic controla os títulos públicos, a Cetip controla os títulos privados.

A CETIP (**Central de Custódia e de Liquidação Financeira de Títulos Privados**) é um sistema bastante semelhante ao Selic, sendo uma câmara de compensação que registra, controla e liquida as operações com os títulos privados, e só excepcionalmente opera com títulos públicos que se encontram em poder do setor privado.

O principal título do sistema CETIP é o CDI – Certificado de Depósito Interfinanceiro (ou Interbancário), utilizado para as transferências de recursos entre as instituições financeiras, como adiante será explicado.

Tanto o Selic como a CETIP editam suas respectivas taxas de juros, sendo a taxa Selic e a taxa CETIP, ambas adotadas pelos agentes econômicos em suas devidas especificações.

SELIC – TAXA BÁSICA DA ECONOMIA

> **A Selic**, por sua vez, **é a chamada taxa básica de juros da economia brasileira.** É a taxa usada para remunerar as aplicações feitas em Títulos do Tesouro, isto é, da dívida pública federal. É também a taxa que, por vezes, os bancos pagam para captar alguns tipos de recursos no mercado. A cada 45 dias, o COPOM – Comitê da Política Monetária do Banco Central do Brasil define essa taxa básica de juros. Tal taxa básica permite o controle dos juros no país porque ela representa também a remuneração das instituições financeiras nas operações com títulos públicos, além de funcionar como política de controle inflacionário.

Todavia, como já o sabemos, **não representa a mesma taxa de juros que deve ser utilizada pelos bancos em seus contratos, sendo que os bancos praticam taxas infinitamente maiores que a taxa Selic. Esta é uma taxa de referência**. É também uma taxa de juros rigorosamente observada para pagamento dos empréstimos realizados entre os bancos, conforme adiante será explicado, e também observada nos casos de aplicações financeiras realizadas por tais instituições bancárias em títulos públicos federais.

Os bancos brasileiros atuam em um mercado financeiro que criou uma taxa básica de juros a qual, no ano de 2019, excepcionalmente, atingiu menos de 5,0% ao ano. Essa taxa básica é também aquela cobrada ou paga pelo Banco Central do Brasil nas reservas bancárias. Cada banco comercial tem uma conta de reserva no BACEN onde mantém um nível mínimo de compulsório originado dos depósitos à vista. Alguns bancos possuem excesso de reservas, outros, insuficiência. O Banco Central é responsável por esse ajuste diário, sendo o único que pode criar ou destruir as reservas para manter o equilíbrio do sistema financeiro. Quando ele absorve o excesso de reservas, ele paga às instituições financeiras a taxa básica de juros, fixada pelo COPOM. Ou seja, a rentabilidade dos bancos já começa num patamar elevado (e sem contarmos os períodos históricos em que essa taxa básica chegou a muito mais que esse percentual).

O PAPEL DO CDI
NA TAXA BÁSICA

Aqui também se faz necessário um parêntese para facilitar a compreensão mínima do que seria o CDI – Certificado de Depósito Interbancário (ou simplesmente DI – Depósito Interbancário) na taxa básica (e do seu custo no cálculo do *spread* a ser analisado mais à frente).

O Banco Central do Brasil impõe que os bancos não podem encerrar a contabilidade diária no "vermelho", ou seja, os saques do dia não podem superar o valor dos seus depósitos. Se isso ocorrer o banco que está deficitário vai precisar emprestar recursos de outra instituição financeira que esteja superavitária no fechamento de suas contas naquele dia.

Esses empréstimos são representados por tais certificados de depósitos que, como sua nomenclatura nos permite verificar, ocorre ENTRE BANCOS (interbancário). Ou seja, as instituições financeiras emitem esses certificados com o intuito de transferir recursos entre elas, no final de cada dia, para que as que se encontram deficitárias naquele dia recebam aporte das instituições que têm reservas (recursos excedentes) e, dessa forma, contabilmente, todos os bancos encerrem com o caixa diário no "azul" por efeito dessa transferência (compensação) contábil de capital (não se transfere dinheiro) para repor o seu caixa no fechamento do dia. O banco que tem necessidade do dinheiro emprestado do outro banco emite o CDI para captar o recurso no mercado interbancário.

Então, os bancos captam recursos de outros bancos por meio desses Certificados e pagam uma determinada remuneração por tais títulos. Em razão disso, os Certificados de Depósitos Interbancários somente podem ser objeto de negociação entre bancos (diferente dos CDB – Certificados de Depósitos Bancários, que podem ser negociados com outros tipos de investidores que não bancos).

Os CDIs são emitidos com prazo de um dia útil, porque visam à troca de posição financeira dos bancos entre si, fechados por transações eletrônicas diárias entre as instituições, e apenas para melhorar a liquidez imediata de uma e/ou outra determinada instituição financeira.

O controle dessas operações interbancárias envolvendo os CDIs (e de tantas outras operações) é feito pela CETIP, nomenclatura da Central de Custódia e Liquidação Financeira de Títulos Privados. A CETIP é uma empresa de capital aberto, inicialmente sem fins lucrativos, responsável por viabilizar transparência e eficiência na liquidação desses títulos privados.

O mercado financeiro necessita de transparência como um dos pilares para a segurança dos investidores e de todos os que, direta ou indiretamente, dela dependem. Desse mercado participam os bancos comerciais, bancos de câmbio, bancos de investimento, bancos múltiplos, corretoras de valores, fundos de investimento, corretoras e distribuidoras de valores, financeiras (sociedades de crédito, financiamento e investimento), fundações, seguradoras, cooperativas, dentre outros.

A despeito de possuir atividades próprias, a CETIP, em 2017, fundiu-se com a BM&F Bovespa, passando, portanto, a ser uma sociedade por ações, dando origem à B3 (Bolsa, Brasil e Balcão), tornando-se, naquele ano, a 5ª maior Bolsa de Valores do mundo, em valor de mercado.

A taxa DI (Depósitos Interbancários), considerada uma taxa livre de riscos no Brasil, corresponde ao índice-referência para movimentação financeira entre eles, bancos. Os Certificados, portanto, correspondem ao título que controlam esses empréstimos à taxa DI, e que é calculada diariamente pela CETIP. Ou seja, a taxa DI corresponde aos juros que um banco paga ao outro, representada no Certificado, sendo também a CETIP responsável pelo seu registro eletrônico diário.

Interessante notar que esse indexador praticado nos empréstimos interbancos ainda corresponde ao mesmo indexador utilizado para remunerar aplicações em muitos títulos de renda fixa.

TAXA BÁSICA
LIVRE DE RISCO

A taxa Selic é considerada uma taxa livre de risco. A taxa básica é lastreada pelos títulos públicos do Governo. Portanto, o ajuste diário das reservas bancárias é feito através das operações de compra e venda (e recompra) desses títulos públicos. Teoricamente, esses títulos são livres de risco, razão pela qual se diz que a taxa básica é livre de risco. Pelo menos sem risco de *defaults* (sem risco de calote). Na prática, vamos dizer que temos um risco mínimo, uma vez que tudo tem risco. A teoria e a prática se uniram e decidiram que a taxa livre de risco é a que remunera os títulos públicos.

A taxa Selic é também considerada uma taxa livre de risco porque ela é manipulada pelo COPOM e porque ela é uma taxa meta da política monetária. Se ela fugir daquela meta, o BACEN intervém comprando ou vendendo títulos de maneira a injetar dinheiro ou tirar dinheiro do mercado. Se há excesso de dinheiro, ele entra vendendo título. Se há falta de dinheiro, ele entra comprando e trazendo o mercado sempre para o seu equilíbrio.

O problema não é o risco de calote, mas o risco de variação das taxas de juros. Se o COPOM entende que deve elevar a taxa Selic, só o faz após realizar uma "varredura" nos bancos. Verifica, dentre os bancos, os que têm diferentes prazos de aplicação e captação e que estão descasados nesses prazos. Se o prazo que eles têm de captação for menor do que o prazo da aplicação, e se, nesse lapso temporal, os juros subirem, gera-se um enorme prejuízo aos bancos, porque eles vão renovar a captação a uma nova taxa de juros que eles não podem repassar para os empréstimos. A margem deles vai cair ou até pode se tornar negativa. Um banco pode quebrar em razão disso. Muitas vezes, o BACEN exige de um determinado banco um valor em depósito como garantia dos juros praticados no mercado. Ele intervém antes de o problema surgir para evitar esse risco de variação das taxas de juros.

Por isso é que, mencionando os CDIs, vemos que, diariamente, um sistema do BACEN controla todas as operações de um dia, com títulos públicos, por meio do Sistema Especial de Liquidação de Custódia. A taxa média diária dessas operações é o que se chama TAXA SELIC. Ela exprime a média diária de operações de títulos públicos negociados em um dia. A Selic de meta é definida pelo COPOM. A Selic "real" é definida pelo mercado – oferta e procura nestas operações. Diariamente o BACEN calcula qual foi a Selic média do dia. E se ela está fora da meta diária, a mesa de operações executa compras ou vendas: injeta dinheiro no mercado quando falta, e vende títulos quando tem excesso de dinheiro, de maneira a manter a taxa o mais próximo possível da meta. Muitas pessoas e grande parte do mercado admitem que essa é uma taxa livre de risco graças a esse rigoroso controle por parte do BACEN.

O BACEN, por sua vez, tem a obrigação de ajustar a taxa básica objetivando o melhor desempenho da economia, preservando a saúde do sistema financeiro, mantendo a inflação dentro das metas e não prejudicando o crescimento econômico, razão pela qual deve ser preservado do risco das pressões políticas zelando sempre pela boa condução da política monetária. Por isso a importância de um BACEN **independente**.

O problema é que os princípios financeiros macroeconômicos estão exigindo revisão em suas políticas quando confrontados pela crise mundial de 2008, que atingiu as maiores economias que, até então, sustentavam o domínio do mercado e da prosperidade econômica mediante controle da base monetária pelos Bancos Centrais, o que não é mais uma verdade absoluta.

Consequentemente, para verificarmos se a atual metodologia de cálculo do *spread* bancário no Brasil está igualmente necessitando de uma revisão, temos que partir da credibilidade que nosso Banco Central aufere no atual cenário econômico. Adotamos o chamado sistema de metas anunciadas para a inflação. Metas inflacionárias balizam expectativas. A inflação dentro das metas permitiu a menor taxa básica de juros de todos os tempos.

Porém, na contramão, registramos baixíssimo crescimento com estagnação da produtividade. Sem nos adentrarmos nas teorias macroeconômicas que explicam (se é que explicam) esse paradoxo frente à menor taxa básica de juros brasileira, não podemos esquecer que o risco Brasil acaba por entrar na avaliação da Selic.

Aqui necessitamos de um paralelo. Quando o governo brasileiro emite um título da dívida externa, denominado de *Global Bond*, e que é também o título brasileiro de maior liquidez e de maior volume de transação internacional, pagando, por exemplo, 6% da taxa básica para tais títulos, e, paralelamente, o governo americano está a pagar 2% por seus títulos de sua dívida externa, quanto então estaremos pagando a mais a um título de juros frente ao título de mais baixo risco? 4%. Esse é o denominado risco soberano brasileiro. Todo país tem o seu. E se o Brasil oferecesse pagar 2% em vez de 6%, o mercado certamente iria preferir adquirir os títulos americanos que possuem um menor risco soberano.

Ou seja, trata-se de uma classificação de crédito que nada mais é do que uma avaliação do risco desse crédito, no caso do Brasil, prevendo sua capacidade de pagar a dívida e uma previsão implícita da probabilidade de sua inadimplência. Por isso, o *rating* de avaliação de uma agência de classificação de crédito das informações qualitativas e quantitativas do devedor é muito importante.

Quem comprar o título brasileiro, no exemplo dado, receberá 6% de percentual de retorno (considerando ser esse percentual da taxa Selic do momento), contra 2% de quem comprar o título americano. Ora, sem esse atrativo, nossos títulos não seriam comercializáveis. Isso porque a economia americana é a considerada de menor risco do mundo, concordemos ou não com isso. Mesmo porque é a opinião do mercado.

Esses atrativos da SELIC correspondem aos benefícios pagos pelos títulos para captação governamental desses recursos no exterior.

COMPOSIÇÃO DA TAXA DE RISCO E OS ACORDOS DE BASILÉIA

Basiléia é uma cidade localizada na Suíça onde fica o Banco de Compensações Internacionais (BIS). Nesse Banco está sediado o Comitê de Regulamentação Bancária e Práticas de Supervisão, composto por representantes dos bancos centrais de vários países, incluindo-se o do Brasil. Tal Comitê não tem autoridade para interferir em nenhum Banco Central, mas deve zelar por induzir comportamentos por ele orientados com vistas a um constante equilíbrio e melhoramento das práticas no mercado financeiro internacional.

Em 1988, foi celebrado o Acordo de Basiléia (posteriormente denominado de Basiléia I) que define mecanismos para mensuração do risco de crédito e exigência de capital mínimo de cada país a ele vinculado para suportar tal risco, com o objetivo de reforçar a solidez e estabilidade do sistema bancário internacional, bem como minimizar as desigualdades de competição entre os bancos internacionais. Corresponde a um fórum mundial de cooperação e discussão em matéria de regulação bancária.

Com o passar dos anos, houve necessidade de novos ajustes no referido acordo e, em 2004, foi divulgado pelo Comitê um novo pacto, agora denominado de Basiléia II. Esse novo acordo aprimorou a discussão acerca do risco de crédito, modificando algumas abordagens desse risco, mantendo o modelo do risco de mercado previsto no Basiléia I e introduzindo o risco operacional dos bancos participantes.

Como em 2008 se instalou nova crise bancária no sistema financeiro internacional, o terceiro acordo de Basiléia veio ampliar as regras contidas no Basiléia II, que, dentre as várias medidas de ampliação das proteções do mercado financeiro, passou a exigir uma reserva extra de conservação de capital dos bancos e outro percentual de reserva sobre o capital emprestado do banco, com vistas a um maior controle de gestão de riscos (destacando-se a melhoria de risco de liquidez das instituições financeiras).

Isso porque, em havendo qualquer fator que venha a prejudicar o sistema bancário mundial, o efeito dominó vai prevalecer, atingindo todos os sistemas financeiros, em maior ou menor grau, com prejuízos incomensuráveis.

Toda instituição financeira traz consigo um risco. O risco dessas instituições financeiras participantes do acordo é medido através do **Índice de Basiléia**, que identifica o grau de alavancagem financeira da instituição analisada. Ou seja, é um índice de solvência ou de solvabilidade das instituições financeiras e, portanto, não contábil, ou seja, não é registrada em contas de balanço. É um índice que também define a **alocação de capital** próprio, necessária para cobertura de riscos em geral, definida pelo Comitê de Supervisão Bancária de Basiléia, do BIS. É um índice de previsão externa, feita pelo Comitê de Basiléia (sobre alavancagem, vide adiante).

Por sua vez, internamente, todos os bancos que fazem parte do nosso Sistema Financeiro devem manter o índice acima do exigido pelo nosso BACEN, que o estipula a partir do índice de Basiléia.

Isso é o que determina as provisões para perdas que devem ser feitas pelos bancos frente a operações que geram exposição aos riscos de crédito. Contabilmente chamamos de **provisão para devedores duvidosos**. Essa provisão tem reflexos patrimoniais muito sérios no balanço das instituições financeiras que, diferente da alocação de capital, é registrada no balanço.

Nossa taxa de risco é composta de três partes: a parte chamada **taxa pura**, influenciada pelas taxas de juros da economia americana; a parte denominada **taxa risco Brasil**, que tem como principal risco o risco político; e a **taxa de inflação**, em que a taxa de juros é uma taxa nominal que incorpora uma expectativa de inflação.

Toda vez que o COPOM vai decidir a taxa SELIC para o próximo período também é verificado o comportamento do FED (Banco Central dos Estados Unidos da América) em relação aos juros americanos. Se houver previsão de aumento, o COPOM aumenta a taxa aqui. Se a tendência for de se manterem estáveis os juros americanos, não é preciso mexer na taxa básica aqui. Se for diminuir, então se pode reduzir a taxa aqui. Se o FED aumentar os juros e o COPOM não aumentar os juros aqui, a defasagem entre as taxas será menor podendo, como dito, implicar em mais ou menos investidores externos aplicando aqui. A taxa Selic, portanto, não depende só dos fatores internos para ser definida.

Considerando o risco do Brasil em relação ao risco americano, se a defasagem desse risco entre um e outro for pequena, o investidor vai preferir investir no mercado americano. Desaparece o dólar aqui, o dinheiro externo. Então o COPOM permite um diferencial para atrair os investidores para o nosso mercado.

O segundo fator é a parte denominada taxa risco Brasil. O principal risco do Brasil é o risco político, e não o risco econômico. Dependendo do acontecimento político, a taxa se eleva em razão desse risco Brasil. Com isso, temos que parte da Selic também é composta pelo risco político do país.

E o último fator é a inflação. O COPOM leva em consideração as metas da inflação definidas pelo Conselho Monetário Nacional. Somente se tais metas não forem cumpridas é que então o fator inflação pode fazer com que o COPOM eleve a taxa Selic. Essa é, portanto, em resumo, a formação de toda a estrutura de juros básicos da nossa economia.

Compreendidas essas premissas gerais, passemos agora ao exercício para entender o *spread* bancário como o responsável pela prática dos elevados juros no mercado financeiro brasileiro. Juros estes que obviamente são os praticados no nosso sistema financeiro no âmbito das instituições bancárias e financeiras em geral.

CAPÍTULO V

SPREAD BANCÁRIO

O significado do termo inglês *SPREAD* corresponde a abrir, estender, alastrar, espalhar. Em se tratando de um estudo sobre *spread* bancário, não se encontra em nenhum dicionário qualquer semelhança ao significado que lhe é atribuído no sistema financeiro. Praticamente todos os autores que o definem, bem como os dicionários em geral, explicam que o *spread* bancário se refere à diferença entre o preço de compra (procura) e venda (oferta) de uma ação, título ou transação monetária, e que, analogamente, quando o banco empresta dinheiro a alguém cobra uma taxa pelo empréstimo — uma taxa que será certamente superior à taxa de captação. Ou seja, corresponde à diferença percentual entre a taxa de juros de captação e de aplicação dos bancos. Essa diferença apurada entre as duas taxas corresponde ao denominado *spread* bancário.

Na linguagem do Banco Central do Brasil, isso é resumido como sendo a diferença entre a taxa de empréstimo e a média ponderada das taxas de captação de CDBs (Certificados de Depósito Bancário). Pela definição anterior, a taxa de captação é a remuneração paga pelas instituições financeiras em aplicações como a caderneta de poupança e o CDB (Certificado de Depósito Bancário), que servem de recursos para a concessão de empréstimos. E a taxa de aplicação são os juros acertados nos contratos de empréstimo e financiamentos, entre bancos e tomadores.

Nessa lógica, temos duas alíquotas (ou percentuais): **uma delas corresponde ao percentual que um banco paga ao seu correntista ou aplicador que busca nos produtos bancários uma rentabilidade para o seu dinheiro, contra a outra alíquota que o banco**

recebe de seus clientes pelos empréstimos concedidos. Ou seja, o *spread* corresponderia à diferença entre a taxa de captação e a taxa cobrada pelo empréstimo. Convertendo em números simplificados, se o Banco paga para o CDB o percentual de 10% ao ano, e empresta esse recurso a 25% ao ano, inicialmente significa que obteve um *spread* de 15% ao ano nessa captação x empréstimo.

Mas essa diferença não pode ser vista toda como lucro das instituições financeiras, porque, na composição desse percentual de *spread*, estas instituições computam seus custos, bem como o valor das despesas da operação, provisão para inadimplemento, dentre outros elementos que serão oportunamente verificados.

E são muitos os fatores que levam às diferentes variações dessas alíquotas ou taxas, em todo o mundo. O que não é novidade é que, no Brasil, o *spread* bancário é significativamente mais alto se comparado a muitos outros sistemas financeiros estrangeiros. Na realidade, o segundo maior do mundo.

SPREAD X JUROS

Spread é a mesma coisa que juros? A definição mais simples de juros, como vimos, é a de que corresponde ao rendimento obtido quando se empresta dinheiro por um determinado período de tempo. Matematicamente, esses juros são representados por uma taxa expressa em percentual, a famosa taxa de juros.

Imaginemos que alguém vendeu um imóvel e procura seu banco para aplicar esse recurso em um dos tantos produtos oferecidos por ele, com a intenção de obter um rendimento por um período de aplicação naquela modalidade que lhe foi oferecida pelo seu gerente. Esse rendimento, portanto, corresponderá à taxa de juros que o Banco vai lhe pagar pela aplicação realizada durante o período escolhido. Porém, se alguém procura o banco para trocar de carro ou financiar seu imóvel, o banco vai lhe cobrar uma outra taxa de rendimento, só que, desta vez, para ele, banco. Ou seja, ele lhe disponibiliza o recurso para a finalidade pretendida e pelo tempo pretendido, e o seu custo é representado através de um percentual (ou taxa) de juros.

O aplicador empresta o dinheiro *ao* banco que, por esse dinheiro, paga-lhe (ao aplicador) uma taxa de juros, e o tomador empresta o dinheiro *do* banco pagando a este mesmo banco outra taxa de juros maior. Então, o *spread* corresponde à diferença do rendimento obtido pelas instituições financeiras de crédito entre as taxas de captação e de aplicação, representada pelas duas taxas de juros que balizam essa diferença.

Segundo a própria FEBRABAN, na obra citada nas referências bibliográficas, "**Os juros bancários compreendem, portanto, as** taxas de juros que os bancos pagam para captar recursos e o *spread*, que engloba todos os demais custos da atividade de emprestar, mais os lucros do banco" (sic).

> Respondendo então à pergunta inicial, *spread* não é a mesma coisa que juros e também NÃO corresponde aos ganhos dos bancos. Mas é uma METODOLOGIA de apuração dos custos de um empréstimo, em que a margem de lucro dos bancos também já está embutida.

Assim, as definições encontradas em quase todas as matérias sobre o tema, de que *spread* corresponde exclusivamente à diferença apurada entre juros de captação versus juros de aplicação, necessitam ser revistas e ampliadas.

O QUE ENTRA
NA FORMAÇÃO
(COMPOSIÇÃO)
DO SPREAD

O melhor ponto de partida é, a nosso ver, entender primeiramente a formação do *spread* bancário, compreendendo o que entra em sua composição. Sabemos que a atividade bancária "mãe" é a intermediação financeira. O banco toma aqui e empresta lá. Ou seja, com esse procedimento, o banco tem como disponibilizar um valor para crédito em favor de terceiros. E a todo crédito se impõe um custo inicial de captação somado a outros custos, inclusive o risco do crédito, as condições do mercado financeiro e, em alguns casos específicos, o perfil do tomador, ou seja, o seu risco individual.

Os fatores considerados como sendo os mais importantes na formação do *spread* e seus custos, para a maioria dos autores que dissertam sobre o tema, inclusive a FEBRABAN, são: a) custo administrativo da instituição financeira; b) carga tributária; c) fundo garantidor de crédito; d) inadimplência; e) depósito compulsório; f) margem líquida dos bancos (lucro esperado pelo agente e o prêmio pelo risco da própria intermediação). Todos estes levados em consideração nas análises do BACEN.

A despeito de o trabalho mencionado da FIPECAFI se embasar

em apenas três categorias de *spread* bancário, quais sejam, **spread bruto** (deduzido somente das despesas financeiras de captação), **spread direto** (após a exclusão de outras despesas diretamente identificáveis com os produtos), e **spread líquido** (obtido após a dedução das despesas operacionais apropriadas e dos impostos em geral), o que nos interessa é justamente este último. Isso porque o *spread* líquido é aquele apurado após a dedução das despesas financeiras de captação, das despesas identificáveis diretamente com os produtos financeiros, das despesas indiretas e dos impostos sobre lucros, indicando, portanto, qual a fatia real de lucro dos bancos na sua composição.

Para a FEBRABAN, citando o Banco Central do Brasil, e pela atual metodologia de cálculos do *spread*, 15% correspondem ao lucro das instituições financeiras e 85% aos custos de captação e demais custos de intermediação.

Por ora nos basta desconstruir sua estruturação para tentar entender melhor, em mão dupla, a complexidade do processo da construção dessa sua formação. Isso porque, como praticamente cada produto financeiro oferecido pelos bancos tem um cálculo de *spread* específico, o detalhamento de formação de *spread* de cada produto bancário consumiria volumes e mais volumes de estudos e explicações. E isso nos remeteria inclusive a uma análise microeconômica dos produtos, fugindo dos objetivos do presente trabalho, eis que, em se falando de educação financeira, o importante aqui é desenvolver uma visão geral do tema que nos possibilite ter uma visão da formação do *spread*.

Portanto, antes de adentrarmos na verificação dos principais elementos que compõem a formação do *spread* bancário, entendamos minimamente as possibilidades de manipulação desses custos a partir da intermediação financeira.

DA INTERMEDIAÇÃO FINANCEIRA

Os bancos atuam na atividade de intermediação financeira. Possuem muitas formas de captação de recursos, bem como muitas formas de aplicações dos recursos, de pronto já diferenciando destinação de recursos para pessoas físicas e jurídicas. A captação também ocorre de pessoas físicas e jurídicas, em sua maioria.

Por isso também a gestão da rentabilidade de um banco é mais orientada por **cliente** do que por **produto**, mesmo porque se repassa a um mesmo cliente muitos produtos. E esses produtos não são diretamente contabilizados na formação do *spread* porque correspondem ora a produtos de captação, ora a produtos de rentabilidade livre dos bancos e que, por vezes, são negociados simultaneamente para reduzir o impacto dos juros inicialmente previstos para determinada operação financeira de empréstimo.

Isso significa que, apesar de o modelo da instituição financeira projetar um juro mensal, digamos, de 2% em uma determinada linha de capital de giro (taxa essa desenvolvida a partir do cálculo do *spread* para tal modalidade), a mesma instituição já projeta também a admissão da redução desses juros inicialmente projetados em 2%, até um patamar mínimo de, por exemplo, 1,2% para aquela linha de crédito mencionada (geralmente também projetado pela mesma instituição financeira), conforme o perfil do cliente ou de seu retorno em aquisição de produtos, quando da liberação do recurso. Ou seja, nesse "custo de intermediação" a instituição bancária também projeta uma possível "compensação" dessa taxa reduzida a um cliente, com a aquisição simultânea de um produto do banco, como por exemplo, um título de capitalização ou aquisição de plano de seguro prestamista.

Mas, a rigor, nem isso ocorre apesar de os bancos assim propagarem. Os produtos são "vendidos" como rentabilidade à parte e pronto. Contabilizados como ganhos. E ainda impactam na formação do custo efetivo do recurso emprestado pelo cliente, desfavorável a ele, é lógico. Mas isso é assunto para uma obra em apartado.

O que se tem, portanto, sem exageros, é a afirmação segura de que, a despeito de toda a operacionalização dos cálculos do *spread* bancário, e sendo tal *spread* personalíssimo daquela instituição financeira, na prática, nem o Banco Central do Brasil conseguiria verificar a consistência ou veracidade de sua formação. Isso porque a própria instituição de crédito é quem contabiliza em seus balanços, unilateralmente, seus custos de intermediação financeira (além das despesas de captação, margem de devedores duvidosos, despesas operacionais, dentre outros fatores levados em consideração no cálculo do *spread*, abordados em seguida).

Em resumo, para quem está "do lado de fora", todo *spread* bancário será fatalmente vítima de análises imperfeitas, como bem destaca o trabalho da FIPECAFI.

Independentemente das regras impostas aos bancos pelo COSIF, que trata da contabilidade dos bancos, dentro do plano de contas padrão das instituições financeiras, as apropriações contábeis desses bancos são descritas contabilmente de forma limitada, o que torna as análises dos seus balanços inadequadas; ou ainda insuficientes para o conhecimento real das informações lançadas pelos bancos em seus relatórios contábeis. Um exemplo: a formação das despesas operacionais (de pessoal e outras despesas) lançadas pelo banco e que são importantes para a formação do cálculo do *spread* bancário, é de exclusivo fornecimento e apropriação por cada instituição financeira. E como conferir isso mensalmente ou mesmo anualmente? Impossível.

Por esse exemplo e tantos outros é que podemos afirmar que o *spread* bancário no Brasil, na prática, não tem como ser conferido por terceiros que não a própria instituição que o calcula e o divulga. Em vista disso, os elementos de sua composição podem ser manipuláveis pelos bancos, a seu exclusivo critério. E no caso da intermediação financeira, o seu real impacto no custo do dinheiro e na formação daquela determinada taxa de juros para aquele determinado empréstimo é desconhecido do próprio BACEN, quanto mais das pessoas jurídicas e físicas, inclusive na condição de consumidores e tomadores do crédito e do serviço bancário.

O que se necessita, portanto, também é uma correção, um aprimoramento e uma simplificação dos métodos de mensuração dos custos administrativos das instituições financeiras, com eliminação de várias distorções gritantes, como por exemplo: não tratar todas as tarifas como fontes de receitas de serviços prestados em vez de imputá-las como custos administrativos nas suas cobranças; permitir a correta identificação do *spread* efetivo auferido pelas instituições financeiras captadoras dos recursos direcionados, dentre outros.

CAPÍTULO VI

PRINCIPAIS FATORES DE COMPOSIÇÃO DO SPREAD BANCÁRIO – PRÓS E CONTRAS

Passemos agora para a análise de cada um dos principais elementos que compõem a formação da apuração do *spread* bancário.

O CUSTO ADMINISTRATIVO NA FORMAÇÃO DO SPREAD

Toda instituição financeira tem seu sistema de informações gerenciais destinados a apurar os custos de suas atividades e os custos dos produtos por ela gerados. Ou seja, apurar custos que correspondem à manutenção operacional da instituição bancaria.

Se nossas casas e famílias têm os custos da sua manutenção e sobrevivência, as empresas também os têm. E bancos são empresas. Como tal, têm seus custos de recursos humanos, tecnologia, contratos, orçamento, departamentalização e gestão, móveis e utensílios, ativos e passivos, sistema contábil, fornecimento de material e uma infinidade de outros custos. Só no âmbito das despesas podemos destacar as despesas gerais, despesas com imóveis, despesas com móveis, utensílios e equipamentos, despesas com pessoal, despesas com serviços de terceiros, despesas com meios circulantes, entre outras.

Os custos administrativos envolvem os custos fixos e variáveis. Em síntese, cada produto do banco tem seu custo, seu custeio. A sua apuração leva em consideração todos os custos diretos para sua manutenção, inclusive a apuração do tempo para sua execução e valor dos salários médios dos funcionários envolvidos na tarefa de sua criação, venda, etc. Cada agência bancária cria seus centros de custos para cada produto, que, ao final, são contabilizados conjuntamente pela instituição financeira.

Interessante notar que até recentemente os custos administrativos eram tidos pelos bancos como correspondentes a 4% de impacto no custo do crédito. Porém, com a mudança de metodologia de sua apuração, eles passaram a impactar em 25% no custo do crédito. A alegação das instituições financeiras é que se subestimava o peso desses custos administrativos ao subtrair as receitas com serviços prestados pelo banco.

Porém, como a prestação de serviços, representada principalmente pelas centenas de diferentes tarifas cobradas pelos bancos, passou a ser considerada como parte do seu negócio, ao lado do crédito, contabilmente então os custos administrativos foram desvinculados dessas receitas, que eram lançadas como abatimento do custo operacional. Isso explica tamanha evolução do impacto desses custos administrativos na formação do *spread*, repercutindo, inclusive, na redução significativa da parcela de lucro dos bancos (maquiagem?). Com essa alteração, os bancos justificam parcialmente o impacto nos juros cobrados.

Por isso, os bancos alegam que a metodologia anterior subestimava os custos administrativos e superestimava a parcela de seus lucros. Quem vai saber? Essa lógica, todavia, sustenta-se contabilmente, mas não se sustenta matematicamente. Isso porque ainda que excluindo os recebimentos das tarifas e dos serviços do custo administrativo, a ponto de considerá-los como produtos de grande importância ao lado dos empréstimos, a rentabilidade obtida com tais prestações de serviços deveria impactar em maior parcela em seus lucros, até mesmo porque sobre esses serviços incide apenas o menor dos tributos, que é o ISSQN.

Essa metodologia contábil, então, em vez de permitir a redução do custo do crédito, acaba por onerá-lo e, na realidade, distorce-o, porque, como dito várias vezes, tais custos podem ser criados, aumentados ou manipulados, sem refletirem, necessariamente, o real impacto desses custos no custo final do crédito.

Anualmente, os relatórios publicados pelo BACEN e pela FEBRA-BAN, além das publicações dos balanços anuais das próprias instituições, trazem-nos as variáveis desses custos, levados em consideração na formação do *spread*, representados por um percentual médio de 25% de impacto.

Todavia, a lógica da metodologia atual parece estar subestimando a parcela dos lucros dos bancos e superestimando os custos administrativos. Isso porque, se os serviços que, em regra, permaneceram na mesma média entre a metodologia anterior e atual não mais ajudam a cobrir os custos da instituição, então como explicar que os lucros com a venda de serviços aumentaram substancialmente o lucro dos bancos nesse segmento de prestação de serviços, se já se encontram computados no mesmo custo administrativo que não sofreu alterações na prática, mas apenas contabilmente?

Ou seja, para efeito do cálculo do *spread*, aumentou-se o impacto do custo administrativo de 4% para 25% apenas no intuito de justificar a manutenção dos juros em patamares elevados, maquiando-se a realidade contábil com benefícios gigantescos para os bancos.

De acordo com a prática contábil, pode até ser justificável, mas, pelo fato de permitir manipulação de dados e informações, essa alteração metodológica é absolutamente condenável.

Para citarmos apenas alguns exemplos de elevação de custos que estariam justificando essa mudança de paradigma contábil, temos: a) anacronismo das relações trabalhistas; b) proliferação de legislações municipais e estaduais em prejuízo dos custos; c) permissão de elevados saques em espécie.

Vamos, todavia, rebater, apenas em parte, a consistência da efetividade desses impactos nos custos, uma vez que para abordá-la mais amplamente, outra obra seria exigida só para esse tema.

Quanto às questões trabalhistas, ela está enquadrada como evento de risco operacional para os bancos, além dos riscos de segurança deficiente do local de trabalho. Como a legislação específica exige que a instituição constitua uma base de dados de risco operacional que contenha valores associados a essas perdas operacionais, inclusive provisões e despesas relacionadas a cada evento específico, o impacto dos riscos trabalhistas é pontual, previsível até para efeito de provisionamentos respectivos, além de não refletir no custo operacional em valores fixos, como contido na Resolução CMN 4.557/17.

A última reforma trabalhista já permitiu uma significativa redução de custos aos empregadores. Condenações em horas extras podem ser evitadas se não se exigir essa carga do funcionário, sem remunerá-lo devidamente. O controle eletrônico de entrada e saída dos funcionários permite que se evitem condenações indevidas nesse aspecto. Mas concordamos sim que a reforma trabalhista deve continuar e sabemos do impacto trabalhista também nos bancos. Porém, estabelecidos os custos fixos administrativos, que também absorvem esse custo trabalhista, e que impactam no cálculo do *spread*, não vemos que as melhoras e a flexibilização na legislação trabalhista impactam na redução dos juros, ainda que proporcionalmente. E como rebater isso se não temos acesso à conferência do real impacto desses custos trabalhistas lançados no cálculo do *spread*, e nem possibilidade de verificarmos se realmente correspondem aos lançamentos contabilizados nessa rubrica? Então, novamente são dados que podem ser manipulados com tranquilidade pelas instituições financeiras.

A elevação dos custos por condenações trabalhistas lançadas nos custos do *spread*, doravante, está diametralmente oposta à flexibilização que vem sistematicamente desonerando as folhas de pagamentos e os resultados das decisões judiciais. Mesmo porque a mecanização sistemática e as plataformas digitais têm também permitido reduzir significativamente a contratação de funcionários, ano a ano.

Por sua vez, legislações municipais de maior impacto têm, quando muito, exigido dos bancos apenas melhores condições de acessibilidade nas agências, ou de disponibilização de banheiros públicos para a clientela em defesa da dignidade humana e do respeito aos próprios clientes. Normalmente, tais obras são realizadas uma única vez e são de baixíssima manutenção. Qualquer indução a uma interpretação de que tais medidas impactam significativamente nos custos e lucros, a ponto de justificar em parte a manutenção das taxas de juros elevadas, beira à hipocrisia e ao desrespeito aos mais basilares princípios constitucionais de cidadania. Melhor que tais alegações jamais fossem externadas ou computadas como custos de impacto no *spread*. Afasta a contrapartida da dimensão social mínima e decente que também se espera dos bancos.

Os saques em espécie de valores elevados já estão bastante limitados e os bancos possuem uma série de possibilidades para dificultá-los, e já o fazem. Também, a maior parte dos clientes bancários até os evitam pelos riscos que representam atualmente. E os de origens ilícitas ou de possível ilicitude podem ser comunicados pelas agências bancárias imediatamente aos agentes policiais, dificultando ainda mais os saques elevados. Basta os gerentes estarem enquadrados na legalidade. E para isso também existe o COAF.

A segurança jurídica, inicialmente, deve ser uma via de mão dupla. Se não ocorressem abusos dos bancos em muitos casos, sequer o Código de Defesa do Consumidor teria a necessidade de também incluir as instituições financeiras como prestadoras de serviços. Tampouco o BACEN precisaria editar sistematicamente Resoluções obrigando as instituições financeiras a observarem princípios da boa-fé contratual, equidade, correto tratamento aos clientes, transparência contratual, etc.

A assinatura eletrônica em contratos já é uma verdade quanto ao seu uso pelas instituições financeiras e de crédito, como se vê nas execuções judiciais pelo procedimento online, há vários anos admitida pelos Tribunais, sem exceções. A assinatura nos contratos, além de eletrônica, também pode ser obtida via e-mail, com envio do contrato pronto para o cliente e com sua devolução via PDF, também por e-mail. Os processos judiciais hoje são praticamente todos eletrônicos e dispensam a apresentação de vias originais, exceto nos casos de alegação de falsidades. As Cédulas de Crédito Bancárias também são objeto de cobrança mediante cópias eletrônicas, digitalizadas. As argumentações em contrário não se sustentam. Não fosse assim, o que seria das *fintechs*?

A contratação de serviços ou aquisição de produtos por biometria é plenamente válida no Judiciário, mesmo porque, por exemplo, se negada pelo tomador do crédito, pode o banco facilmente juntar a liberação dos recursos na conta do tomador, que a prova fica consolidada. Além do mais, até a Justiça Eleitoral já implantou tal procedimento para validação dos votos e agilidade nos procedimentos eleitorais.

Com isso, a despeito da lógica de tais argumentações de elevação de custos, parece-nos que elas não se sustentam com a dimensão de convencimento que buscam alcançar para justificar as elevações significativas desses custos operacionais. Consequentemente, os impactos desses custos no *spread* certamente são muito menores do que os contabilizados.

A CARGA TRIBUTÁRIA
NA FORMAÇÃO
DO SPREAD

Um dos fatores estruturais alegados pela FEBRABAN para justificar parte dos altos custos dos créditos seria a carga tributária. Os bancos estão sujeitos ao pagamento de impostos diretos, quais sejam o Imposto de Renda e a Contribuição Social sobre o Lucro Líquido (CSLL) e ISSQN, e impostos indiretos, o PIS, COFINS E IOF.

Serviços prestados pelos bancos, remunerados por tarifas, são tributados pelo ISSQN (Imposto Sobre Serviços de Qualquer Natureza), pagos aos respectivos municípios onde tais serviços são prestados, dentro da alíquota municipal, geralmente variando de 2% a 5%.

Existem os serviços de intermediação, como por exemplo, captação de recursos, realização de empréstimos sob as mais variadas formas, e que, portanto, são remunerados pela margem de intermediação, ou seja, por *spread*, uma vez que geram valor adicionado. Outros serviços, como emissão de valores mobiliários, são remunerados por comissões.

Em regra, à exceção da prestação de serviços, sobre os quais incidem ISSQN, nos demais se aplica a incidência de IRPJ, CSLL, PIS E COFINS e IOF (Imposto Sobre Operações Financeiras).

Tem-se que o impacto tributário na formação do *spread* corresponde a uma média projetada de 22% na formação de seu custo.

POR TRÁS DOS JUROS BANCÁRIOS

Outra falácia na composição de parte do *spread*, no tocante ao impacto tributário, é a de que, na prática, o IOF – Imposto sobre Operação Financeira, que é suportado pelo cliente (denominado de contribuinte de fato, porque é aquele que arca efetivamente com o ônus desse imposto), acaba fazendo parte da conta em desfavor do banco. Os bancos alegam que ele ajuda a reduzir o rendimento do aplicador, o que leva a encarecer o custo para o tomador.

Essa argumentação não tem a sustentação projetada pela FEBRA-BAN. O IOF não reduz o rendimento do aplicador na medida em que o imposto é cobrado em maior escala nas operações de crédito. O custo para o tomador não impacta no *spread* porque não é custo para o banco, mas mais uma fonte de recursos ao banco. Exemplifiquemos a concessão de uma linha de crédito através de uma Cédula de Crédito Bancária, disponibilizando um limite de empréstimo. O valor do IOF correspondente é aplicado no ato da contratação e o cliente tem a opção de pagá-lo em apartado ou de financiá-lo juntamente com as prestações do empréstimo, o que é a regra.

Nesse caso, o IOF acaba sendo financiado e sobre ele vem a incidir a mesma taxa de juros aplicada no contrato, e sempre de forma capitalizada. Ou seja, à exceção dos casos de inadimplemento total, em que a instituição já repassou o valor do IOF ao Governo de forma antecipada, o financiamento desse tributo juntamente com o valor emprestado também passa a corresponder a uma excelente fonte de rentabilidade aos bancos porque ele adianta o tributo ao Governo, mas cobra do cliente a mesma taxa de juros capitalizados sobre esse valor também financiado.

Ainda que dentro do decênio seguinte à concessão do crédito o banco recolha o IOF na condição de responsável tributário, o financiamento desse tributo com a mesma taxa do contrato se traduz em mais uma fonte de lucro operacional para as instituições financeiras.

Outro exemplo que desmistifica tal alegação se visualiza no cheque especial. Sobre o mês anterior, estando o cliente a utilizar o limite do cheque especial, é debitado no final do mês ou no início do mês subsequente, o valor do IOF, mensal e diário acumulado. Se o cliente permanecer com esse valor em aberto durante o mês, incidirão juros do cheque especial também sobre o IOF debitado no início do mês ou no final do mês anterior. Portanto, a cobrança de juros sobre o IOF só penaliza o tomador, jamais a instituição financeira. E sua inclusão no cálculo do *spread* seria, no mínimo, abusiva, senão ilegal, porque projeta um custo fictício para a instituição financeira.

Apenas a título de comentário, a carga tributária das instituições **não financeiras** no Brasil é muito maior que a carga tributária das instituições financeiras.

E as empresas **não financeiras** não conseguem repassar esse custo aos intermediários ou ao consumidor final como o fazem os bancos através de seus *spreads*. Para o bom entendedor poucas palavras bastam.

A PROJEÇÃO DE INADIMPLÊNCIA NA FORMAÇÃO DO *SPREAD*. O GRANDE FANTASMA

> **De saída: o inadimplemento médio computado em um período anterior é projetado nas taxas e nos juros a serem cobrados no período seguinte, em que os bons pagadores respondem pelos maus pagadores, para que as instituições financeiras, a despeito de serem empresas, não venham a correr nenhum tipo de risco no exercício da sua atividade financeira. E ao recuperar a parte inadimplida, os bancos nada devolvem aos que bancaram por antecipação os prejuízos por eles mesmos, bancos, projetados. Perverso isso.**

Há consenso de que o maior impacto no cálculo do *spread* bancário é o percentual de inadimplemento. Beira a 40% no cômputo desse custo para mais ou para pouco menos. Segundo o recente ICC – Índice de Custo de Crédito, criado pelo BACEN, apurando inclusive custos anteriores, em 2017, a inadimplência de cidadãos e empresas correspondeu a 38,27% do *spread*, sendo que em 2016 o custo de inadimplência representava 38,57%.

Este talvez seja o ponto mais polêmico na composição da taxa do *spread*.

Primeiro porque toda atividade comercial (e a atividade bancária é comercial mesmo que na linha de fomento) caracteriza-se pela existência do risco. O risco é gerado por uma incerteza da ocorrência de uma perda econômica.

Ao conceder um empréstimo, a instituição financeira **projeta** um percentual de risco, por exemplo, de não receber o seu dinheiro de volta devido ao inadimplemento. Corresponde a um percentual que compensa eventual perda financeira decorrente desse **risco de descumprimento**. Ou seja, na taxa de juros contratada, uma parcela de sua formação corresponde a esse risco de inadimplemento como forma de compensar essa **probabilidade** de não recebimento.

E esse percentual trabalha sempre com um histórico de inadimplência anterior. Leva em consideração também a **dificuldade** de recuperação dos créditos.

A questão que não cala é: e se o crédito for recuperado, como em tantas vezes o é, não vemos os bancos criarem, por exemplo, uma política de *caschback* para restituir parcialmente aos adimplentes o que se cobrou por inadimplementos que foram recuperados. Além disso, legalmente falando, cobrar daqueles que pagam os financiamentos em dia também uma parcela embutida nos juros para cobrir o inadimplemento de outros clientes é abusivo, ilegal, imoral e fere o princípio da boa-fé contratual. Para ficarmos somente nesses pontos.

O RISCO DO CRÉDITO

As instituições financeiras pertencentes ao Sistema Financeiro Nacional estão sujeitas a uma política de gerenciamento de riscos. Atualmente, a Resolução n. 4.557, de 23 de fevereiro de 2017, dispõe sobre essa estrutura de gerenciamento de riscos e sobre a estrutura de gerenciamento de capital.

O BACEN define o risco de crédito como a possibilidade de ocorrência de perdas associadas a:

a)   Não cumprimento pela contraparte de suas obrigações nos termos pactuados;

b)   Desvalorização, redução de remunerações e ganhos esperados em instrumento financeiro decorrentes da deterioração da qualidade creditícia da contraparte, do interveniente ou do instrumento mitigador;

c)   Reestruturação de instrumentos financeiros que impliquem em concessão de vantagens à contraparte; e

d)   Custos de recuperação de exposições caracterizadas como ativos problemáticos (obrigação em atraso há mais de 90 dias, perda da capacidade financeira da contraparte, recuperação judicial ou falência ou medidas judiciais que impeçam o cumprimento das obrigações nos termos contratados).

Além disso, estabelece como definição de risco de crédito dois principais fatores (dentre outros menos impactantes), pelo § 3º do art. 21 da Resolução 4.557/17:

"A definição de risco de crédito inclui: I - o risco de crédito da contraparte, entendido como a possibilidade de perdas decorrentes do não cumprimento de obrigações relativas à liquidação de operações que envolvam fluxos bilaterais, incluindo a negociação de ativos financeiros ou de derivativos; II - o risco país, entendido como a possibilidade de perdas relativas ao não cumprimento de obrigações associadas à contraparte ou instrumento mitigador localizado fora do País, incluindo o risco soberano, em que a exposição é assumida perante governo central de jurisdição estrangeira;"

Ora, todo banco é uma empresa, e como tal a contabilidade exige provisionamento de perdas. Ou seja, os bancos também devem reservar uma parte do capital para não correr o risco de quebra. Esse procedimento é denominado PCLD, ou seja, Provisionamento para Créditos de Liquidação Duvidosa. No caso dos bancos, além da contabilidade, tal provisionamento também é exigência do BACEN a partir da Resolução 2.682 do Conselho Monetário Nacional (CMN), lembrando que o BACEN é o implantador das normativas desse Conselho.
Se a dívida de um cliente exceder 180 dias sem pagamento, o provisionamento deve ser feito pelo valor total dessa dívida, e não somente pelo número das parcelas vencidas. Em regra, também os bancos, com o inadimplemento de uma a três parcelas, já consideram a dívida vencida por antecipação.

Sistematicamente, a FIESP (Federação das Indústrias do Estado de São Paulo) tem denunciado que o nível de inadimplência não justifica *spreads* elevados. Mesmo porque **parte** desse risco é projetado. Baseada em dados fornecidos pelo BACEN, a FIESP registra que a taxa Selic e a inadimplência nos empréstimos da pessoa física reduziram nos últimos anos, na contramão do que aconteceu com os *spreads*. Para o ano de 2019, a FIESP demonstrou que, comparando os países que adotam metodologia de cálculo do *spread* similar à nossa, o *spread* no Brasil é 14 vezes (e não em percentual), maior que os demais. Com isso, essa metodologia brasileira de calcular, para o ano de 2018, se corretamente aplicada, poderia estar com uma taxa de *spread* 23,5% menor que a atual, o que é bastante significativo no impacto dos juros. Essa diferença representa um pagamento de juros, pelas pessoas físicas, de R$ 141,6 bilhões de reais a mais de juros nas parcelas de empréstimos.

Comparando os estudos da FIESP com o da FEBRABAN, a partir dos dados fornecidos pelo BACEN, vemos cabalmente que os *spreads* bancários brasileiros precisam ser reavaliados. Mesmo porque a Resolução impõe que a estrutura de gerenciamento de risco preveja as políticas e estratégias para o gerenciamento de riscos.

Todavia, o percentual de risco observado no *spread* não leva em consideração essas políticas de gerenciamento que, se igualmente considerada de forma projetada de contenção e redução de riscos, exige a revisão desse percentual para bem menos. Como os riscos são considerados "cheios" e as estratégias não contam para igual projeção de sua redução o percentual nele computado não leva em conta, como efeito mitigador desses riscos, as estratégias impostas pelo BACEN.

Em poucas palavras, esse percentual está superavaliado e, portanto, inflaciona a taxa de juros indevidamente, principalmente porque não leva em consideração o estresse reverso, ou seja, a metodologia de teste de estresse que permite a identificação dos eventos e circunstâncias adversos associados a níveis predefinidos de resultado, capital ou liquidez.

Porém, a FEBRABAN, em seu recente livro *Como fazer os juros serem mais baixos no Brasil,* em resumo, ao mencionar o problema do inadimplemento como justificativa do *spread* elevado nesse aspecto, coloca esse inadimplemento como o grande vilão sem considerar as variáveis redutoras de riscos.

Lá diz textualmente: "**Para compensar a perda com a inadimplência e os custos associados a ela, os bancos são levados a cobrar taxas de juros maiores de todos os tomadores, indistintamente. Na prática, aqueles que pagam seus empréstimos em dia acabam sendo levados a pagar também por devedores que não o**

fazem." (Página 82 da obra citada).

Além disso, propõe, em relação aos custos da inadimplência, uma série de medidas que entende como concretas para a redução do *spread* nesse aspecto: a) implementação da inclusão automática no cadastro positivo; b) ampliação do acesso a informações de renda, faturamento e empregos existentes nos órgãos públicos; c) melhora na Lei de Recuperação Judicial e Falências; e d) permissão para busca e apreensão extrajudicial de bens móveis alienados fiduciariamente.

Inicialmente não se verifica nesse emaranhado de sugestões nenhuma manifestação para redução da taxa de riscos, de pelo menos quatro problemas endêmicos nessa projeção de inadimplência (ainda que apurada pela média de períodos anteriores):

> a) Primeiro, ao praticarem taxas elevadas, os bancos mesmos contribuem para a elevação dos riscos de inadimplemento, dificultando a adimplência justamente pelas altas taxas que projetam e praticam. Ou seja, mensuram aumento de inadimplência em decorrência da crise econômica sem considerar que parte dessa inadimplência não decorre da crise econômica, mas das próprias taxas altas que pratica, criando um círculo vicioso;

> b) Não mencionam nenhuma medida para retirar a capitalização dos juros que, já elevados, tornam-se insuportáveis com tal capitalização diária ou mensal. Lembremos que a capitalização é resquício do período de inflação alta, o que não mais se registra há muito tempo. Aqui alimentam e retroalimentam os riscos de inadimplemento que em nada têm a ver com a crise econômica, ou mesmo com a dificuldade de tomada administrativa dos bens dados em garantia. E se as provisões para cobrir a inadimplência são onerosas, parte dessa onerosidade, portanto, é retroalimentada pela projeção de inadimplemento decorrente da própria prática elevada de juros.

c) Não consideram que parte da inadimplência vem da ineficácia ou mesmo desinteresse dos próprios bancos de se fazer uma análise criteriosa que permite identificar corretamente o risco de *default* (calote) por parte dos tomadores de empréstimos. Aqui, se o BACEN definisse o grau de alavancagem com base no risco esperado da carteira, certamente esse procedimento estimularia mais os bancos a agirem com cautela na concessão dos créditos e também a fazerem a sua parte na redução da projeção dos inadimplementos.

d) Ao recuperarem parte ou grande parte do inadimplemento projetado, não devolvem aos bons pagadores, em *cashback*, ou através de outros benefícios, proporcionalmente ou ainda que a título de redução das taxas de juros, aquilo que esses bons clientes já pagaram em nome dos "maus" clientes. E olha que os bons clientes não foram os responsáveis pelos maus empréstimos! Maus empréstimos são realizados pelos bancos e seus agentes. Então, na verdade, "não cobro o inadimplemento em função dos maus pagadores, mas cobro esse prejuízo da minha própria má gestão do meu próprio recurso". Isso é tese para recuperação judicial dos prejuízos até.

A projeção de inadimplemento, portanto, tornou-se um círculo vicioso em que a própria projeção de juros altos, por si só, também contribui mais para o inadimplemento do que a crise econômica ou a culpa do Judiciário.

Não era mesmo de se esperar que a FEBRABAN, ou seja, que a Federação dos Bancos Brasileiros publicasse uma obra que não fosse extremamente tendenciosa, o que é lamentável, porque se perdeu, novamente, a oportunidade de fazer *mea culpa* perante toda a sociedade. **Parece que, ao contrário do que prefacia em seu livro, toda a sua obra projeta a missão de redução dos juros como**

obrigação a ser observada da parte do Governo, Congresso, Judiciário e da Sociedade. Dos bancos mesmo, nenhuma linha crítica e destituída de corporativismo se visualizou.

Tal obra, principalmente nesse aspecto do inadimplemento como um dos maiores fatores de justificativa dos juros altos, comprometeu significativamente a seriedade de suas argumentações, limitando-se a repetir sistematicamente o que vem fazendo há décadas.

Há décadas, o sistema de projeção de inadimplemento segue o mesmo padrão. Há décadas que não se verificam juros baixos, realmente baixos.

O DEPÓSITO COMPULSÓRIO NA FORMAÇÃO DO SPREAD

O BACEN é o único órgão responsável pela execução da política monetária, tendo, dentre outras obrigações, a de garantir o poder de compra da moeda, mantendo a estabilidade financeira do mercado.

Todo o dinheiro em circulação no país corresponde ao papel moeda mais o papel escritural (ou moeda escritural). Para se ter um controle efetivo da quantidade dessas moedas em circulação, inclusive como forma também de controle inflacionário, diariamente, o BACEN manipula essa liquidez (disponibilização da moeda) no mercado, ou seja, controla a "reserva" do dinheiro no mercado. Quando uma pessoa vai a um banco e realiza um depósito, parte do valor é transferida pela instituição financeira para o Banco Central na forma de um depósito compulsório, como mencionado no Artigo pesquisado, Artigo 192: LISERGIA É A NOSSA MAIS NOVA E PUJANTE COMMODITIE.

O recolhimento compulsório é mais um dos mecanismos que o Banco Central tem à disposição na sua caixa de ferramentas na manutenção da estabilidade financeira e de combate à inflação. Trata-se de parcela do dinheiro dos correntistas que os bancos são obrigados a manter depositada no BACEN.

Embora tenham sido criados, originalmente, para influenciar a quantidade de moeda na economia, os recolhimentos compulsórios assumem também o papel de "colchões de liquidez", isto é, reservas de emergência que podem ser utilizadas pelas instituições financeiras, a critério do BACEN, em situações de crise como a que ocorreu em 2008. Além disso, na medida em que parte dos recursos captados pelos bancos fica recolhida no Banco Central, estes emprestam menos do que poderiam, reduzindo, assim, a sua exposição ao risco de crédito (risco de "calote").

Além dos recolhimentos compulsórios, existem outras obrigações relacionadas à captação de depósitos às quais as instituições estão sujeitas junto ao Banco Central. São elas: a) os depósitos decorrentes de insuficiência no direcionamento para operações de financiamento imobiliário dos recursos captados em depósitos de poupança; b) insuficiência no direcionamento dos recursos captados em depósitos à vista para operações de crédito destinadas à população de baixa renda e a microempreendedores; e c) o decorrente da insuficiência no direcionamento para crédito rural.

Um dos mecanismos mais eficientes desse controle é denominado de depósito compulsório (lembrando que compulsório significa obrigatório). Assim, o BACEN obriga que uma parcela do que foi captado pelos bancos seja depositado, tanto em moeda como em moeda escritural, no próprio BACEN. Temos três tipos de recursos sujeitos a depósitos compulsórios: 1º) os recursos decorrentes de depósitos à vista, que são os recursos depositados pelos clientes nas contas correntes, ou seja, aqueles recursos pelos quais os bancos não remuneram os clientes; 2º) recursos a prazo, que são as aplicações realizadas pelos clientes em determinadas modalidades e por determinado tempo; e 3º) os depósitos em contas de poupança.

Ao determinar o depósito compulsório, o BACEN não remunera

os bancos pelos depósitos à vista, mas os remunera pelos depósitos a prazo e também pelo retirado compulsoriamente da caderneta de poupança, sempre em valores maiores do que os bancos pagam aos seus clientes.

A esse título, o impacto no *spread* corresponde a aproximadamente 10% do valor depositado compulsoriamente, segundo os cálculos dos bancos. Só que o controle dos compulsórios também faz parte da política monetária e sua liberação excessiva elevaria a taxa Selic pressionando ainda mais o *spread* para cima. Porém, em seus cálculos, os bancos levam em consideração apenas o elevado compulsório como consequência da elevação do *spread*. Ou seja, mais uma distorção parcial, a despeito de a alíquota brasileira nos compulsórios estar entre as mais altas do mundo.

O FUNDO GARANTIDOR DO CRÉDITO NA FORMAÇÃO DO SPREAD

O Fundo Garantidor do Crédito (FGC), criado em 1995, é o responsável por garantir ao investidor com recursos em instituições financeiras sujeitas à falência ou liquidação, o reembolso de determinada quantia dos ativos que tiver aplicado na instituição falida ou interditada, como por exemplo, em depósitos à vista, depósitos em poupança, CDB, dentre outros ativos. É uma espécie de seguro de crédito.

O FGC é uma associação civil, privada, sem fins lucrativos, autorizado a funcionar pelo Conselho Monetário Nacional, com a finalidade de proteger os correntistas, bem como quem deposita e investe em títulos emitidos pelas instituições financeiras associadas (dentre bancos múltiplos, comerciais, de investimentos, sociedades de crédito, CEF e associações de poupança e empréstimo), contribuindo assim para prevenir e evitar uma crise bancária sistêmica.

Nem toda aplicação em renda fixa possui tal garantia. Muitos títulos só têm a garantia do investidor, como por exemplo, o caso das debêntures, enquanto que o FGC tem por papel manter a confiança do investidor no mercado para ele aplicar seu capital sem medo de perdê-lo.

Como ele é mantido graças às instituições financeiras a ele associadas, isso tem um custo aos bancos, que depositam o percentual mensal de 0,0125% de todos os valores transacionados por elas e sujeitos à cobertura do FGC.

Com isso, esse custo é repassado no cálculo do *spread*, tendo seu impacto na elevação da taxa de juros, quando, na verdade, deveria corresponder a uma redução dessa taxa, visto que representa uma proteção para os próprios bancos.

CAPÍTULO VII

OUTROS FATORES QUE CONTRIBUEM PARA OS JUROS ALTOS E NÃO LEVADOS EM CONSIDERAÇÃO NOS ESTUDOS DA FEBRABAN

Além do *spread* bancário, o elevado custo financeiro no Brasil está diretamente vinculado a três outros fatores determinantes que impactam em grau ainda maior que a aplicação matemática da fórmula do *spread*. **São eles: 1º. Concentração bancária; 2º. O crédito no Brasil; e 3º. As operações de curto prazo e alavancagem**.

Esforços para a redução desses fatores contribuiriam significativamente para redução do custo do dinheiro e, portanto, também dos juros aqui no Brasil. Vejamos cada um deles.

CONCENTRAÇÃO BANCÁRIA

A concentração de toda a movimentação financeira bancária no Brasil está, praticamente, centrada em cinco grandes instituições: Banco do Brasil, Caixa Econômica Federal, Bradesco, Santander e Itaú.

Como tais bancos também concentram ambientes altamente regulamentados, **fica muito difícil para o correntista, seja pessoa física ou jurídica, trocar de banco com facilidade, e, assim, acabam aceitando as condições impostas pelas instituições, que também, na maioria das vezes, acabam formando um verdadeiro cartel envolvendo taxas, serviços, produtos, etc., muito semelhantes. Com isso, no Brasil, a concorrência entre bancos praticamente não existe**, diferente, por exemplo, do que ocorre no sistema financeiro americano.

Um exemplo disso: com várias nomenclaturas semelhantes e outras diferentes, porém com os mesmos propósitos, esses principais bancos adotam uma tabela de tarifas de serviços estonteante, cujas ampliações se elevaram em muito no decorrer da última década, chegando a um patamar médio de mais de 200 tipos de cobranças de taxas e tarifas, o que é um absurdo. Talvez, só não tenham continuado a crescer e não tenham sido criadas novas tarifas porque as *fintechs*, mais uma vez, têm adotado postura sistemática de cobrança de poucas e pontuais tarifas, ao contrário dos bancos que, inclusive, cobram-nas, muitas vezes, sem nenhuma contraprestação efetiva de serviços.

Por isso, com o devido respeito ao Poder Judiciário, equivocam-se seriamente as decisões que comentam que um correntista, se insatisfeito com uma determinada instituição financeira, está livre para buscar condições melhores em outras. Só que isso não ocorre em concentrações bancárias como a nossa. Só onde existe concorrência efetiva é que se permite que o correntista busque melhores condições em outra instituição.

Como nossos cursos de Direito não oferecem disciplinas em suas grades curriculares que capacitem tanto os advogados como também os futuros juízes, no conhecimento e aprofundamento do funcionamento de todo o Sistema Financeiro Nacional, decisões judiciais que entendem haver livre concorrência no grau de concentração bancária no Brasil, desde há muitos anos, são reflexos dessa falta de preparação do próprio sistema de ensino jurídico.

Esta crítica, portanto, não traduz nenhum demérito para tais decisões, mas apenas é abordada para explicar o quanto uma má-formação jurídica peca gravemente por não capacitar seus profissionais em uma área em que, cada vez mais, exige conhecimento, formação e especialização. Isso porque a economia e as relações contratuais (no mercado financeiro) já dominam grande percentual das relações financeiras e contratuais que estão sujeitas a terem seus conflitos dirimidos pelo Poder Judiciário e defendidos por profissionais do Direito. Cada vez mais.

Tais decisões, portanto, registram-se gravemente equivocadas; tanto é que a taxa de portabilidade de clientes entre bancos no Brasil, já há muito tempo, tem sido inferior a 0,5% ao ano, ou seja, a cada 1.000 clientes, apenas cinco trocam de banco a cada ano, sendo que, nos EUA, esse percentual, EM RAZÃO DA CONCORRÊNCIA, é na casa dos 12%. E um dos fatores que prejudica essa transição no Brasil é justamente a dificuldade de se mudar uma conta de um banco para outro. É ter que começar tudo do zero novamente, inibindo a aquisição de novas linhas de crédito, o estabelecimento de novos relacionamentos, a identificação de reciprocidades, enfim, a criação de novo ambiente de interação financeira entre correntista e banco novo. Não se importa bom cadastro ou com relacionamento que o novo cliente registrava com a outra instituição.

Além do citado ambiente regulamentado (ex.: o crédito nesses bancos é concedido mediante a verificação de uma série de exigências durante um lapso temporal, mediante imposição de requisitos e aquisições bancárias, não se levando em conta se o perfil que o cliente possui ou possuía em outra instituição é excelente ou não), o fato de, na prática, os juros altos se registrarem em todos os bancos (raras exceções), nem compensa ao correntista ficar mudando de instituição. E assim o cliente também é submetido sempre a uma carga elevada de tarifas e taxas, além de produtos, muito semelhante em quaisquer dessas principais instituições. Isso tudo principalmente em razão da ausência de escolha e de opções dentre as instituições existentes.

É comum ouvirmos representantes da FEBRABAN e mesmo Diretores do BACEN justificarem que o monopólio bancário do Brasil não oferece risco à livre taxa de juros no mercado nacional, mesmo porque vários países desenvolvidos possuem maior concentração bancária.

Tais alegações contêm um confortável comportamento omisso, para não dizer conivente com a prática de taxas de juros extremamente elevadas, e, em parte, ficticiamente estruturadas. Ao mesmo tempo em que a concentração bancária em vários países desenvolvidos é maior do que a do Brasil, a taxa de juros nesses países é infinitamente menor que as aqui praticadas em todos os segmentos, e os custos (ou pelo menos o cálculo real do *spread* em suas taxas de juros) são apurados com transparência e correspondem ao real.

Tanto é que nesses países, ainda que com elevada concentração bancária, o que se cobra de juros em um ano, os bancos brasileiros cobram em um mês, apenas para sermos modestos.

Na citada obra *Como fazer os juros serem mais baixos no Brasil*, a FE-BRABAN diz que a concentração bancária (como também um dos fatores responsáveis pelas altas taxas de juros) corresponde a uma "meia verdade". Ou seja, reconhece que a concentração bancária existe, mas que é uma característica em grande parte dos países bancarizados. E compara como sendo menor do que a concentração de vários setores intensivos de capital da economia.

Entretanto, "perde o foco" ao debater sobre concentração em outros setores da economia que, todavia, não são responsáveis pela formação das taxas de juros nem pela sua manutenção em patamares elevados. Tampouco pela concessão de créditos nos volumes bancários controlados. A análise da prática das taxas médias de juros entre os principais cinco bancos brasileiros (raras exceções em bancos públicos, e, por intervenção do próprio Governo, em determinados momentos históricos e por prazos reduzidos) demonstra não haver muita diferença entre elas, do que se conclui que existe baixa concorrência, para não dizer que não há concorrência alguma em muitas linhas de créditos oferecidas em todos os bancos.

E os bancos públicos são corresponsáveis sim pela manutenção dessas altas taxas, juntamente com os privados, mesmo porque são igualmente cobrados com metas e resultados cada vez maiores. Também praticam a mesma venda excessiva de produtos e serviços e vendas casadas que os bancos privados, não se tratando de hipótese implausível.

Mas o que preocupa é que a adoção de medidas, no setor bancário, para a efetiva atuação do Sistema Brasileiro de Defesa da Concorrência, é insuficiente. **O próprio CADE – Conselho Administrativo de Defesa Econômica tem permitido a ocorrência da concentração bancária, tão danosa à política de concorrência, como o é a concentração em qualquer outro segmento**. Toda concentração gera algum tipo de oligopólio. Com os bancos não tem sido diferente e, com isso, os investimentos são penalizados pelas altas taxas de juros que, por consequência, comprometem a taxa de crescimento do PIB contribuindo para uma economia anêmica, com parte da responsabilidade dos bancos, que culpam a anemia econômica do PIB como um fator de manutenção de taxas de juros altas... será preciso aqui saber quem nasceu primeiro, se o ovo ou a galinha.

O CRÉDITO NO BRASIL

O segundo fator, além do *spread*, determinante para o nosso elevado custo financeiro, omitido tanto pela FEBRABAN como pelo próprio BACEN, **corresponde ao baixo volume de crédito no Brasil**.

O volume dos créditos disponibilizados pelo Sistema Financeiro Nacional entendendo-se principalmente pelo crédito disponibilizado pelas instituições financeiras como um todo, tem correspondido, nos últimos anos, a uma média de 45% do PIB nacional. É um dos mais baixos níveis de crédito do mundo. Em outras palavras, é muito pouco.

No Chile, o crédito disponibilizado corresponde a mais de 60% do seu PIB. Nos EUA, é de 100% do seu PIB.

Se analisarmos o balanço de muitas das excelentes empresas brasileiras, poderemos verificar que dos 100% de seus ativos, tais empresas destinam 90% para a sua atividade fim (atividades objetos dessas empresas).

Por sua vez, analisando os balanços dos bancos brasileiros, meros intermediários financeiros, que captam recursos com agentes superavitários com capacidade de poupança e os transferem para agentes deficitários, que são tomadores de crédito, verificamos que suas operações de crédito de curto e de longo prazo, e também dos arrendamentos mercantis, o percentual de crédito corresponde a apenas 35% de seu ativo. E onde estão os outros 65% dos ativos desses bancos? Ninguém apresenta resposta satisfatória.

Se o objetivo deles é gerar créditos, os bancos deveriam também estar investindo ao menos 90% de seus ativos em linhas de empréstimos e financiamentos. Mas só investem 35%, em média. **Esse crédito, sendo escasso, contribui muito para o custo efetivo e real das taxas de juros, permitindo que estas permaneçam elevadas. Ou seja, os bancos também manipulam o volume dos créditos por eles disponibilizados no mercado para manter as taxas elevadas dos juros.**

E como isso não é computado no cálculo do *spread*, nem teria como identificarmos aqui o impacto desse grande fator de manutenção elevada das taxas de juros mediante contenção de investimento e contenção de ampliação de créditos para o mercado. Mas isso não é, obviamente, mencionado pela FEBRABAN em sua obra citada, e tampouco essa prática é atacada pelo Banco Central.

Desdobrando-se a análise de balanço desses mesmos bancos, verificamos ainda que aproximadamente 21% desse total de empréstimos são direcionados a pessoas físicas e 26% a pessoas jurídicas. Com isso, as instituições financeiras optaram por incentivar o lado da **demanda** do crédito (favorecendo o comprador), e não da sua **oferta** (que estaria incentivando a produção, o negócio e a atividade mercantil).

Justifica-se o crédito para a pessoa física ser maior que para as pessoas jurídicas em países como EUA, Alemanha e Canadá, que não precisam crescer (pelo menos não nas mesmas taxas de crescimento que precisamos), nem precisam gerar a riqueza que precisamos, na condição de país em desenvolvimento.

Os cinco maiores bancos brasileiros concentram 75% do crédito no país (não confundir com investimento de 75% em linhas de crédito). **Assim, se o empresário tiver problemas com um desses bancos, vai se socorrer onde?**

Portanto, esse incentivo à demanda do crédito também contribui significativamente para a manutenção das elevadas taxas de juros. Os bancos colaboram para esse direcionamento porque lhes é interessante. O BACEN se omite.

OPERAÇÕES DE CURTO PRAZO E ALAVANCAGEM

Como verificamos, a taxa básica de juros da economia é a taxa SELIC. O COPOM define a Selic como META a cada 45 dias, de acordo com sua política monetária. Vimos também que essa taxa é calculada diariamente e publicada no site do BACEN no final da tarde. Se ela estiver se desvirtuando da meta da taxa básica fixada, a mesa de operações do BACEN intervém comprando título ou vendendo título para o reequilíbrio.

Quando um banco vai emprestar, ele sabe que o dinheiro, para ele, custa a taxa Selic, que baliza as taxas de juros do mercado. O banco pode ter captado o recurso que vai emprestar a um custo zero, por exemplo, nos depósitos à vista. Mas custa para ele a taxa Selic. Em razão disso, ele pega esse recurso e acrescenta um *spread* de risco. Se a Selic, nesse momento, estiver, por exemplo, a 4,5% ao ano, ele acrescenta a esse percentual o seu *spread* de risco. Assim ele acaba por ganhar tanto na captação como na aplicação do recurso.

Para o aplicador, em regra, o banco paga 80%, 90%, 95% da Selic, porque está ganhando na captação. Ele "compra" a mercadoria dinheiro e paga por ela um valor menor do que ele poderia vender essa mercadoria a terceiros. Então ele ganha na captação. E ele vai ganhar também na aplicação desse dinheiro, cobrando a SELIC cheia mais o *spread* de risco.

Assim, os bancos atuam como qualquer empresa, obtendo recursos e transformando-os em produtos e serviços. Por isso tem como funções básicas a captação e o empréstimo, **podendo se utilizar de recursos de terceiros para exercer tais funções**. Então, atuam num procedimento denominado de intermediação financeira de captação de recursos excedentes de agentes superavitários e repasse para agentes deficitários, após análise do risco de crédito.

A utilização de recursos de terceiros para realizar operações de crédito é denominada de **ALAVANCAGEM**. Esse procedimento se desdobra na apuração de um índice, denominado de índice de alavancagem. Esse índice mede a relação entre o capital próprio da instituição e o volume de empréstimos realizados aos clientes. Normalmente a alavancagem dos bancos trabalha com 55 vezes mais do que efetivamente possui.

Por isso, se der corrida para saques em um banco, ele quebra. Não tem todo esse recurso. Nenhum banco tem recurso próprio para suportar corrida contra o valor operado em alavancagem. O mercado financeiro depende muito do elemento **confiança**. A fiscalização é grande e o papel do Conselho Monetário Nacional e do Banco Central do Brasil é muito importante na manutenção dessa confiança. Se ela quebrar, quebra-se todo o sistema financeiro. Quebra-se o país.

Também conhecido como GAO (Grau de Alavancagem Operacional), esse índice é utilizado em finanças para medir a variação no lucro do banco em razão de uma variação em suas vendas. Com isso, ele também relaciona, para efeitos contábeis, o passivo operacional financeiro com o total do seu ativo, ou seja, passivo e patrimônio líquido. Quanto maior o indicador, mais financiamentos a instituição realiza com o mesmo capital. Não nos esqueçamos de que o Acordo de Capital de Basiléia é que identifica a exposição aos riscos relevantes como o fator limitador da alavancagem do volume de operações realizadas pelas instituições financeiras.

Assim, pelo cálculo da suportabilidade financeira, o banco consegue alavancar, ou seja, aumentar o seu lucro líquido por meio dessa estruturação de seus financiamentos, uma vez que a alavancagem consiste nessa sua capacidade de trabalhar com recursos de terceiros de modo a maximizar os efeitos da variação do seu lucro operacional.

Ora, como estamos falando de alavancagem no mercado financeiro, especificamente de bancos, significa dizer que os bancos trabalham com montantes financeiros bem superiores ao seu próprio patrimônio, seja tanto em relação aos seus investimentos quanto em relação aos seus créditos. Eles operam com alavancagem para **evitar** que suas operações sejam financiadas com capital próprio. Por isso, já o dissemos, mas reforçamos, é que qualquer "corrida para saques" sem que o banco tenha observado os limites de alavancagem, implicaria na sua "quebra", **porque inexiste dinheiro suficiente para pagar sequer os depositantes à vista pelo fato de a instituição não ter capital próprio suficiente para a cobertura dos riscos a que está exposta**.

Na contramão, os bancos trabalham, com o *spread*, na alavancagem operacional. Pela metodologia do *spread*, inserem a apuração dos seus custos fixos correlacionando com seus custos variáveis. Em determinados momentos, como seu curso operacional permanece praticamente inalterado, pequenas mudanças no volume de venda de seus produtos resultarão em grande elevação nos seus lucros.

Lembrando, agora, que todos os bancos têm que zerar a posição diariamente, eles não podem ter liquidez muito positiva nem negativa. Tudo o que entrou tem que sair. Se receberem um depósito, eles têm que aplicar. Não podem deixar parado no caixa. As coisas são casadas. O risco da atividade banco-operacional é baixo, não é alto. E por que o banco tem um risco alto? É pela alavancagem, visto que, como analisado, por tal alavancagem, 90%

do seu ativo é dívida. Não é dinheiro do banco. E como ele trabalha com dinheiro de terceiros, não é o caso de risco econômico, mas de risco financeiro da alavancagem.

No mundo inteiro, criou-se um mercado chamado **interfinanceiro**. Quando o banco fecha o dia e está sobrando dinheiro (porque, por exemplo, emprestou menos ou aplicou menos do que entrou de dinheiro), ele vai a esse mercado e encontra uma instituição financeira que fechou o dia deficitário: aplicou mais do que entrou dinheiro. Então ambos vão trocar dinheiro por um dia. Aqui entra o que explicamos sobre CDI e SETIP. No dia seguinte, se precisar, renova. No terceiro dia, se precisar, renova. E assim vai. Mas todo dia tem que ser renovado. Esse é o comportamento diário do mercado interfinanceiro.

Esse procedimento demonstra o quão os bancos brasileiros trabalham no curto prazo. No nosso caso, dois terços das operações bancárias são de curto prazo. Fora dos padrões internacionais e de procedimento eminentemente especulativo. Os bancos, atualmente, já partem para uma imobilização mínima. Seus prédios estão sendo alugados de terceiros. O seu passivo circulante e seu ativo circulante são casados. Utiliza-se pouco de capital próprio. Aqui, inclusive, vem uma pergunta: qual o destino de seus sucessivos lucros operacionais posto que trabalham tanto com a alavancagem e apenas parte deles são repassados como dividendos? Mas isso é assunto para outro estudo.

Para o banco, não é interessante trabalhar muito capitalizado. Ele ganha justamente por **não** usar capital próprio, mas de terceiros. Inicialmente, o risco do negócio de um banco é inferior ao risco médio do risco da carteira de mercado. Quando entra a alavancagem, então o risco de um banco passa a ser maior do que o risco da carteira de mercado. Não pelo negócio em si. Se os bancos não tivessem a dívida da alavancagem, bancando as operações só com o capital próprio, eles teriam um risco baixo, abaixo da média de mercado. **Só que transferem todo esse risco próprio para o cálculo do risco do inadimplemento. Uma lógica bancária absurda.**

> Então, é o percentual do *spread* que encarece os juros, e que se refere exclusivamente ao percentual de inadimplemento; é uma verdadeira distorção para justificar altas taxas de juros. **Não exprime o risco efetivo do inadimplemento, mas sim o risco do próprio banco, o risco de sua alavancagem**.

Portanto, concentram-se as discussões sobre as elevadas taxas de juros praticamente sobre o *spread* bancário, mas não se atacam esses outros elementos que contribuem significativamente para a manutenção dessa prática viciosa. A questão é: há interesse na reconfiguração correta do *spread* sendo os juros altos um negócio tão lucrativo? Nem é necessário responder. O que é necessário responder é: qual a razão de o BACEN se omitir nesses pontos tão importantes.

CAPÍTULO VIII

BANCOS SEM CRISE

Este estudo está sendo escrito num momento de prolongada crise econômica, ainda que não nos seus piores registros históricos, mesmo porque a inflação está controlada com relativa estabilização de preços via contenção de demanda interna, e medidas macroeconômicas de correção de rumos, como por exemplo, a Reforma Previdenciária, que já foi implantada, e outras reformas importantes estão em andamento, como a reforma administrativa e a tributária. Nem por isso os juros baixam.

O financiamento do déficit público em transações correntes está também garantido com relativo equilíbrio. Ataques especulativos contra o câmbio têm sido bem trabalhados. Estamos também registrando as menores taxas de juros legais impostas pelo COPOM, em toda a nossa história financeira. O Brasil, ainda bem, tem uma capacidade extraordinária de se reinventar, a despeito de seu histórico de fragilidade política permanente, elevado grau de desemprego, elevado grau de corrupção e endividamento, ausência de políticas de crescimento em vários setores, cabendo à iniciativa privada, mais uma vez, suprir tal omissão de diretrizes e políticas econômicas e sociais adequadas.

Mas, apesar de todas as correções de rumos em andamento, a manutenção dos altos *spreads* cobrados pelos bancos aos empréstimos, principalmente para o setor privado, demonstra que parte da lição de casa não está sendo feita pela FEBRABAN e por suas instituições por ela representadas.

Neste prolongado cenário, mais uma vez, as instituições financeiras passam longe da crise. A revista Exame, em sua edição

1190, registra que o setor financeiro está a passar longe da crise, com elevados lucros apesar de 2018 ter registrado baixo crescimento econômico (novamente). Contra as companhias abertas não financeiras, cuja rentabilidade média em 2018 foi de 9%, o setor financeiro registrou um retorno sobre o patrimônio líquido na ordem de 12,5%, em média. E a revista Exame aponta ainda que, se considerados apenas os quatro maiores bancos listados na bolsa (Banco do Brasil, Bradesco, Itaú e Santander), o retorno médio chegou a 19% no ano passado (a FEBRABAN aponta 15%), contra uma rentabilidade média dos bancos americanos na faixa de 10,2%.

A publicação semestral dos lucros dos bancos demonstra de forma cristalina que a ausência de crise (entenda-se lucratividade extremamente desproporcional, se comparada ao perfil de qualquer outro segmento empresarial no país) no setor financeiro pode não representar um esforço efetivo da parte dos bancos na redução do *spread*.

Para termos uma ideia desse descompasso entre instituições financeiras e não financeiras, **podemos tomar o modelo do prof. Assaf Neto, denominado DEMONSTRAÇÃO DE VALOR ADICIONADO – DVA, das companhias abertas, no qual ele aplica um raciocínio comparativo desenvolvido em suas aulas no curso de Banking da PUC/RS que, resumindo, aponta para as seguintes comparações entre instituições financeiras e não financeiras:**

a)   Se a indústria, o comércio e os serviços, em 2018, registraram gastos com pessoal na faixa de 15%, as instituições financeiras registraram 35%. Um ajuste a ser feito pelos bancos e que não deveria ser repassado ao *spread*;

b)   As empresas não financeiras pagam 39% de impostos, taxas e contribuições, contra 25% dos bancos. Então, a tributação em cima da base não financeira é muito alta no Brasil. Em caso de reforma fiscal, não é o caso de beneficiar ainda mais as empresas financeiras, mas desonerar as não-financeiras.

c)   A remuneração de capital de terceiros do valor adicionado na indústria, no comércio e nos serviços é de 25%. O que é capital de terceiros? Empréstimos e financiamentos. E 2,5% para os bancos, porque grande parte do financiamento dos bancos se origina dos depósitos à vista. Mais uma vantagem aos bancos sem redução proporcional do custo dos juros.

d)   O nível de imobilização, tanto das empresas financeiras como das não financeiras é alto demais. 52% das empresas da indústria, comércio e serviços possuem alta imobilização. Dos três segmentos, só a indústria deveria ter algum tipo de imobilização, os outros deveriam ter apenas uma mínima imobilização necessária. Mais da metade do ativo do investimento das empresas são imobilizações. Só que no caso dos bancos, a imobilização impacta negativamente no *spread*.

e)   O capital para financiamentos de longo prazo no Brasil é muito baixo e limita a capacidade de expansão e a competitividade. Aqui, a observação nem é quanto aos juros altos, mas sim quanto ao prazo.

Nossas instituições financeiras também não seguem os índices de Basiléia, o que poderia mitigar em parte o risco dos juros altos. O índice de Basiléia, conforme abordamos anteriormente, atém-se mais à capitalização dos bancos, capitalização esta que o Brasil não segue por ser mais conservador que a Basiléia.

Por exemplo, o índice Basiléia exige 12% de capital próprio e o Brasil trabalha com 16% ou 18%. A Basiléia exige um índice de liquidez grande, praticamente sem imobilização. Vemos até os bancos, acertadamente, providenciando a venda de suas sedes e agências, mediante um contrato de locação.

Entretanto, não vemos o resultado dessa desmobilização, que

já vem ocorrendo, contribuindo para a redução do impacto do *spread*. Lembremos que parte significativa do *spread* com repercussão na elevação dos juros são os custos. Os bancos vêm reduzindo os custos efetivos, mas, por outro lado, alteram a metodologia contábil, elevando-os cada vez mais. Portanto, temos aqui um procedimento contábil de manipulação de dados para manutenção dos juros elevados artificialmente pelos bancos.

A Basiléia exige um equilíbrio de ativos e passivos. Mas aqui vemos muitos bancos descasados nesse ponto, e o BACEN aceita esse desequilíbrio, o que, a nosso ver, necessita de mais atenção porque poderia influenciar na baixa da taxa de juros.

Os bancos também especulam muito. Nos momentos históricos em que os juros caem bastante na economia e por tempo razoável, por exemplo, eles aumentam (tomando um exemplo de financiamentos de veículos) os prazos dos financiamentos elevando-os para 60 ou 72 meses. Com essa extensão no prazo, buscam juros muito maiores ainda que, aparentemente, apresentem taxas menores. Só que essas taxas em períodos tão longos acabam por ser muito elevadas. O financiamento de longo prazo só é sustentável com taxas de juros baixas, como acontece nos EUA, por exemplo. Essa é a correspondência de que necessitamos.

O mesmo acontece nos créditos consignados a pensionistas, aposentados e funcionários. Há períodos em que diminuem o prazo dos empréstimos porque os juros estão subindo. Ou renovam sistematicamente os empréstimos consignados mantendo uma longa dependência do pensionista ou funcionário tomador do recurso. Com isso, os bancos recuperam logo o fôlego para emprestar novamente com uma taxa maior, porque os juros estão subindo. Ninguém controla isso e os bancos se calam a essas críticas. Nenhuma palavra da FEBRABAN a esse título, em sua segunda edição. Por que será?

O BACEN, em 2018, lançou o ICC – Indicador de Custo de Crédito, correspondente a um índice cujo objetivo é monitorar o custo de crédito no Brasil. Ele apura o custo para o tomador do crédito e inclui, além dos juros, os encargos fiscais e operacionais envolvidos na contratação. Esse novo indicador permitirá avaliar a evolução do custo do crédito considerando o efeito das taxas contratadas, o que permitirá também acompanhar mais de perto a influência que as modalidades com prazos mais longos exercem sobre o custo de crédito. Esse índice ainda está em implantação como metodologia porque não é uma medida de lucratividade, a despeito de indicar a receita esperada de juros.

Porém, ainda não implantou a dedução dos custos de captação, inadimplência, impostos e despesas administrativas levadas em consideração no cálculo do *spread*, o que, quando ocorrer, espera-se, nos permitirá melhor compreensão e transparência na identificação das distorções dos cálculos dos bancos, com intenção de manter as taxas de juros artificialmente elevadas.

Em razão disso, ainda não há como avaliar os resultados efetivos desse índice na monitoração desses custos dos créditos e no apontamento das distorções atuais.

CAPÍTULO IX

POLÍTICA FISCAL E MANUTENÇÃO DOS JUROS ALTOS

A elevada dívida pública brasileira é tida, pela FEBRABAN, como um dos muitos fatores de contribuição para a manutenção dos juros altos, em seu aspecto macroeconômico.

Mas o quanto, em termos de percentuais, tal dívida efetivamente impacta na alta taxa de juros bancários ou na sua manutenção em patamares elevados? Na formação do cálculo do *spread* em si, ela não é levada em conta.

Entendamos o seguinte, como bem ensina o prof. Assif, de quem importamos o raciocínio para esse ponto, em seu curso de Investimento e Banking pela PUC/RS: o BACEN faz a gestão da política monetária. Porém, a gestão da dívida pública é questão fiscal. Se o governo emite títulos da dívida é porque ele precisa captar, precisa de recursos, porque ele gastou mais do que recebeu. Mas aí, temos um problema de política fiscal. Justamente por ser política fiscal, não justifica a alegação de que contribui para manter elevados os juros bancários. Tanto é que a despeito de seu endividamento atual, está com a menor taxa básica de juros de sua história. Mas o BACEN não faz política fiscal, e sim monetária. Por esse motivo, o BACEN pode agir até certo limite. A independência do BACEN certamente vai ajudar. Hoje não ajuda porque ele é subordinado ao Governo. Se ele for independente, ele vai ter o mesmo status que o governo.

A dívida pública brasileira tem uma vantagem que é a de não ser alta. O Brasil não deve muito se comparado a muitos outros países. O problema está no prazo curto e taxa alta.

Para se ter uma ideia, a dívida pública interna tem um prazo médio de 4 anos para ser saldada. Para que isso seja possível, o Brasil tem que renovar 25% de seu endividamento anual. Não tem como fugir disso porque tem que fazer a gestão da dívida pública com isso. E, ao emitir títulos, registra um crescimento exponencial de juros compostos.

Nossa dívida externa tem prazo médio de sete anos para ser honrada. Nos EUA, há títulos T-BOND que devem ser honrados em trinta anos. Na Alemanha, registram-se títulos sem prazo de vencimento. Lá, o investidor, se não quiser negociá-los, fica com os títulos para o resto da vida. Não têm prazo de resgate. Não temos credibilidade para isso. A maturidade da nossa dívida é de curto prazo: 15,7% da dívida de hoje vence em um ano; em até dois anos vencem mais 17%; e assim por diante. Para isso, temos que ficar captando recursos sempre. Diariamente vence uma quantidade enorme de títulos que precisam ser resgatados.

Esse resgate não pode sofrer atraso ou subavaliação de pagamento, para não caracterizar calote sob o risco de os investimentos desaparecerem da economia. Já demos calotes várias vezes elevando também com isso o nível inflacionário. Não se deixou de pagar a dívida, mas se pagou mais por ela. Entretanto, há muitos anos esse cenário não se registra mais.

A dívida pública no Brasil representa aproximadamente 56% do PIB. Não é muito comparativamente com as outras economias do mundo. Mas se ela não é muito elevada, então qual o seu problema? O prazo curto da dívida. E o seu custo. O risco Brasil não permite que seja de longo prazo. Se o Brasil, hoje, emitir títulos com 20 anos para resgate, não consegue colocá-los no mercado. Os investidores não assumem esse título. A não ser que esse título tenha um deságio extremamente elevado. Aí ficaria o custo muito alto para o governo. Por esse motivo é que a confiança de o investidor receber isso de volta na sua carteira de investimento, no seu fundo de investimento, é baixa.

Nesse aspecto, está correta a FEBRABAN, ao afirmar que quando se conseguir ajustar a saída do dinheiro com a entrada, os juros podem cair mais. Não se tendo **déficit primário** significa que se gasta na medida ou até menos do que se tem como entrada de recursos. Se o recurso for tomado nessas condições, não se vai pagar juros altos por ele, por não se estar precisando de dinheiro.

Por outro lado, os bancos assumem um perfil muito semelhante. Qual é um prazo médio em que os ativos de um banco se transformam em dinheiro? Em torno de seis meses. Em um banco americano, o prazo médio é de quatro anos. Então, no Brasil, exige-se maior captação de recursos para continuar a operar, já que praticamente nossos bancos não se utilizam de capital próprio. **E isso gera o quê? Uma especulação no mercado. Uma pressão no mercado, e os juros dificilmente caem.** Então, não se muda esse perfil se não começar a colocar títulos de longo prazo. Isso também não foi abordado pela FEBRABAN.

Por isso, o mesmo raciocínio que a FEBRABAN utiliza para criticar o **déficit primário** como um sustentador das elevadas taxas de juros e por tempo indeterminado, é, em parte, falacioso.

Para justificar isso, primeiro temos que retomar o que é o resultado primário: pega toda a arrecadação do setor público, apuram-se todas as despesas desse setor e soma. Aí se exclui dessa receita toda a conta financeira (juros e receitas financeiras), e se terá o resultado primário. Assim, não tem sentido falar de finanças públicas considerando-se exclusivamente esse resultado primário. O importante é considerar também os juros e ver o resultado final. No caso, os juros pagos pelo Governo geram a diferença negativa. Enquanto a taxa básica de juros estava elevada, essa questão levantada pela FEBRABAN passava "despercebida" por todas as publicações em revistas especializadas no assunto porque principalmente os grandes bancos se beneficiavam com essa anomalia de juros básicos altos, sendo muito bem remunerados. Lembre-se de que as instituições financeiras detêm o maior percentual de participação nos títulos da dívida pública federal.

Mas, com a queda sistemática da taxa básica, a FEBRABAN justifica a manutenção das taxas de juros bancárias altas, para compensar as perdas com as taxas básicas baixas. **Novamente, temos uma gritante especulação dos bancos.** Na prática, o comando teórico das políticas fiscais acaba passando pela concentração dos grandes bancos.

Porém, caindo a inflação, o que passa a ser relevante é o **juro real**. Então, além de a inflação cair, o juro real também tem que cair, senão o custo é o mesmo. Porque inflação não é custo, mas só a correção do poder de compra da moeda. Contudo, não vemos cair o juro real mesmo com a queda da inflação. E aqui, novamente, a análise da FEBRABAN não complementa. Qual o impacto disso tudo no seu *spread* ou na manutenção das taxas de juros elevadas? Não existe esse cálculo. É pura especulação.

CAPÍTULO X

A DESBANCARIZAÇÃO IRÁ OCORRER?
RESPOSTA DAS *FINTECHS* – UM ESPAÇO
ABERTO NO MERCADO FINANCEIRO

É recomendável que acompanhemos esse novo modelo de estruturação financeira representada pelas *fintechs*. Sem dúvidas, é o futuro. Os bancos, como são hoje, deixarão de ser amanhã. Terão que mudar. Alguns já visualizaram essa realidade futura e estão investindo nisso.

As *fintechs* também estão permitindo iniciar um processo de modificação da baixa cultura financeira nos investimentos, tanto da parte de quem vende como da parte de quem aplica. A despeito de a FEBRABAN também dizer ser favorável a tal conscientização e educação financeiras, não se vê isso na prática. A cultura financeira do cliente ou do investidor não é interessante para os bancos, pelo menos enquanto existentes apenas no atual modelo conservador.

Também temos outra questão importante: altos custos de intermediação dos bancos. São extremamente elevados os custos de intermediação dos bancos, como vimos isso na metodologia de cálculo dos seus *spreads*. As *fintechs* não possuem esses cálculos porque não estão sujeitas às mesmas bases de custos.

Não se veem *fintechs* criticarem o Poder Judiciário. São contratos mais leves, de menores custos e de menores juros. Não se registra nas *fintechs* praticamente nenhum inadimplemento, pelo menos não perto do que os bancos projetam em seus *spreads*.

Além disso, uma parte da desbancarização que se inicia, sem volta, é porque as pessoas não acreditam mais nas instituições bancárias. Perderam a confiança. Depois temos pobreza e desigualdade social que passam a ser incluídas socialmente no mercado financeiro, mas apenas pelas *fintechs*. Não pelos bancos.

Neste momento, no Brasil já passa de várias centenas o número de *fintechs* que atuam no ramo de empréstimo, concorrendo com os bancos tradicionais e ocupando espaços por eles permitidos, ainda que involuntariamente. Logicamente que, para as *fintechs*, não é um trabalho fácil conquistar a confiança dos clientes, analisar riscos sem a adoção da metodologia de cálculo do *spread* adotada pelos bancos, de modo a proporcionar taxas de juros bem mais atrativas que a dos bancos, sem perder a segurança na criação de suas plataformas de pagamentos, etc.

Tais *startups*, além de não terem a pretensão de se tornarem os monstros bancários, utilizam-se da melhor tecnologia para prestação de seus serviços. Não estão sujeitas aos depósitos compulsórios e sua projeção de risco de inadimplência não segue os percentuais de cálculo dos *spreads* bancários. Possuem custo administrativo bem menor e não se sustentam na infinidade de tarifas de serviços cobradas pelos bancos e tampouco praticam vendas casadas.

Nesse perfil, ainda que não ofereçam concorrência para os bancos (pelo menos por ora), nem por isso deixam de, cada vez mais, retirar significativa fatia de clientes e investidores daqueles. Isso também é extremamente saudável porque passa a viabilizar a possibilidade de maior concorrência, há muito prejudicada, desde que as cinco principais instituições bancárias do país passaram a representar o maior monopólio financeiro com permissão expressa do órgão criado justamente para evitá-lo, que é o CADE.

Inclusive, o próprio BACEN, visando reduzir essa concentração bancária, já tem autorizado sistematicamente licenças para que tais *startups* atuem também como intermediadoras de empréstimos.

Logicamente que qualquer tentativa de projeção desse impacto no futuro do mercado financeiro não passa de especulação fundada em uma tendência ainda impossível de ser efetivamente projetada. Mas que não há volta, não há. Até mesmo porque a tecnologia, que é o forte das *fintechs*, evolui a cada ano de forma assustadora e imprevisível.

Nesse nicho financeiro, as *fintechs* também estão ousando em segmentos que até então somente os bancos e fundos atuavam, que são os créditos consignados, apenas para ilustrar. Outras inovam paralelamente com educação financeira de seus clientes, como um diferencial na contramão dos bancos que, ao contrário, quanto mais manter o cliente na ignorância financeira, melhor (sem qualquer apologia a governos populistas).

E se a tendência confirmar, as *fintechs* brasileiras, em poucos anos, deterão a maior fatia de empréstimos a pessoas físicas, sem garantia, no mesmo molde do que já se registra hoje nos EUA. E como o Brasil é o segundo maior em *spread* bancário do mundo, atualmente só atrás de Madagascar, um país africano, e não dependendo as *fintechs* dessa metodologia de cálculo de seu custo por esse *spread*, não fica difícil perceber que realmente ocupar o lugar dos bancos em muitas linhas de empréstimos é mera questão de tempo.

O Cadastro Positivo, já implantado, será certamente mais bem utilizado pelas *fintechs* para avaliação de risco, a um custo baixíssimo, permitindo-lhe emprestar com muito mais segurança através da confiabilidade que tal cadastro proporciona, sem o fantasma projetado do inadimplemento que possa comprometer sua análise real de risco. Os bancos já detêm tecnologia para poder conceder melhores taxas de juros aos seus melhores clientes, adotando o cadastro positivo, mas ainda não o fazem. Os bancos já conhecem a vida financeira de seus clientes. Já sabem quem é bom pagador. Já sabem quem merece melhores taxas e que não entram na projeção de inadimplentes embutidas em seus *spreads*. O cadastro positivo lhes agrega maior volume de informações. Nem por isso, ao que tudo indica, estão dispostos a praticar redução da parte do *spread* referente ao inadimplemento, reduzindo juros em favor desse bom cliente. A atual metodologia perversa ainda lhe é financeiramente muito benéfica. Por isso a falta de pressa.

Sem contar ainda que, no ramo dos cartões, a diferenciação em favor das *fintechs* também é muito grande, a ponto de algumas instituições financeiras já estarem inclusive fornecendo esse serviço a custo zero de tarifa (não de juros). O que não ocorreria sem essa nova concorrência. Por isso a mudança ocorrerá.

Tal oligopólio, então, pelo menos em parte, já está sendo minado pela chegada das *startups fintechs*, com propostas que vêm alterando as estruturas dos bancos tradicionais, ainda que estejam longe de comprometer o domínio desses grandes bancos. Pelo menos no curto prazo. Os motivos são vários: permitem taxas menores, porque sequer possuem estruturas físicas, e atuam essencialmente na esfera digital, oferecendo inclusive crédito a juros bem menores, com menos burocracia e mais celeridade, ao menos para determinadas faixas de consumidores, e com ainda restrição de empréstimos em valores menores que os disponibilizados muitas vezes pelos bancos tradicionais.

FINTECHS COMEÇAM A FORÇAR MUDANÇAS DOS BANCOS – IMPACTO NA REDUÇÃO DOS ABUSOS

Uma importante fonte de receita dos bancos está alocada na prestação de serviços como gestão de recursos e meios de pagamentos. Por exemplo, a queda nos ganhos com tarifas. Isso foi possível com a entrada das *fintechs* no mercado, a partir da redução das barreiras pelo BACEN. Um reinício na competividade. Visando manter clientes no setor de cartões, alguns bancos têm optado pela redução ou zeramento dessas tarifas, além de limitar os prazos de pagamentos aos lojistas de forma significativa, em se tratando de cartões de créditos. Ponto para as *fintechs* que abriram esse espaço.

Outra particularidade importante para nos atentarmos é a redução bastante significativa da quantidade de tarifas e de seus valores, no caso das *fintechs*. O consumidor (seja pessoa física ou jurídica), com isso, passou a dar atenção para esse custo que tanto o aflige, mas que não consegue se livrar em se tratando dos bancos tradicionais. A lista das tarifas é enorme e vinha aumentando sistematicamente nos últimos anos. Pouco mais e teríamos tarifa para adentrarmos nas instalações dos bancos.

Se as *fintechs* podem cobrar tarifas mínimas e em pouquíssimas modalidades, o que justifica os bancos continuarem insistindo na direção oposta? As abusividades bancárias nas cobranças das tarifas (e isso não é tratado pela FEBRABAN na segunda edição de sua cartilha), por si deveriam ter impactado na redução dos *spreads*, na medida em que compensam em muito algumas elevadas taxas de juros.

Um exemplo de abusividade é a Tarifa por Excesso de Limite (e nomenclaturas assemelhadas). Se o cliente, por exemplo, excede em 50 reais o excesso do limite, o banco lança a malfadada tarifa que facilmente é cobrada por valores entre 40 a 160 reais, representando, muitas vezes, uma penalização ao cliente em valores até maiores do que o valor excedido. Paralelamente, ele também paga uma elevação significativa na taxa de juros sobre o valor excedido. Com isso, é penalizado duas vezes por um excesso que, diga-se de passagem, foi permitido pelo próprio banco. E o BACEN autoriza a cobrança desse tipo de tarifa, que sequer corresponde a uma contraprestação de serviço efetivo. Muitas outras tarifas são igualmente fraudulentas.

Além disso, a normatização do BACEN é clara quando afirma que tarifas só podem ser cobradas mediante a efetiva prestação de serviços, e devem ser justas e proporcionais. Mas excesso de limite não implica em nenhuma contraprestação efetiva de serviços. Portanto, tal tarifa, na verdade, corresponde a uma multa, não contratada, e literalmente disfarçada de tarifa. Além dela, em razão também do excesso, os juros sobre tal excesso são simultaneamente majorados em percentuais muitas vezes maiores que os contratados para a situação de normalidade. Mas, muitas vezes, maiores mesmo.

As isenções de tantas tarifas por parte das *fintechs*, portanto, também estarão colaborando, ainda que, neste caso, a médios prazos, para melhor concorrência e redução das ilicitudes nas cobranças dos serviços bancários, que atuam em enriquecimento sem causa em detrimento do cliente.

Aqui, o *pacta sunt servanda* (mais ou menos "cumpra-se o que foi pactuado") a que se refere a FEBRABAN em seu livro, deveria ser uma via de mão dupla. Inclusive não se praticando este ilícito contratual e essa má-fé objetiva contratual. Logicamente, então, que o Poder Judiciário, se provocado, deverá intervir. O Código de Defesa do Consumidor também garante a coibição de abusos semelhantes e só o Poder Judiciário pode aplicá-lo. **Mas a FEBRA-BAN diz que tais intervenções do Poder Judiciário implicam em decisões que se desviam da lei, julgando fora do pedido ou contra a lei, o que então contribuem também para a manutenção das altas taxas de juros. Ofensa sem precedentes ao Poder Judiciário e à inteligência mediana do cidadão.**

PALAVRAS FINAIS

Logicamente, será também um desafio para as *fintechs* a correção de tais distorções, visto que parte da migração de clientes, dos bancos para elas, dependerá do oferecimento de tantas outras situações e alternativas de créditos, investimentos, etc., que não a mera redução (ou elevação) da taxa de juros e de tarifas e serviços. Além disso, é possível verificar que o mercado financeiro e de investimento, como um todo, oferece um sem número de outras oportunidades que as instituições bancárias hoje não oferecem a seus clientes, por uma série de fatores.

Assim finaliza-se o presente estudo no que concerne à crítica à segunda edição da obra *Como fazer os juros serem mais baixos no Brasil*, repetindo-se as mesmas palavras de dois dos jornais que, na época da publicação da primeira edição, registraram:
"Não é nem questão de duvidar da autodefesa do segmento bancário de que é impossível exigir uma redução voluntária das taxas sem as devidas correções de regulação, tributação, competição e de insegurança jurídica. A entidade tomou o cuidado, por exemplo, de colocar suas explicações para a composição do spread no Brasil como 'hipóteses' no livro. Ocorre que entre as propostas há muito pouca contribuição efetiva do setor para a melhoria do sistema além de mais autorregulação, investimento em tecnologia e redução de custos operacionais".

E

"[O livro] é quase para justificar para a população que, na pizza de distribuição do spread, não se deve cobrar só dele [banco]. Uma parte vem de instrumentos em que o governo precisa atuar. Mas, sem dúvida, os bancos também têm sua parte. A Selic foi cortada, está faltando os ban-

cos cortarem da parte deles".

A desoneração das isenções tributárias e de créditos está em andamento. Novo projeto da Lei de Falência e Recuperação Judicial se encontra em fase de debates e aprovação. Legislação específica para o setor elétrico e correções de rumos nas agências nacionais estão sendo realizadas. O BACEN, para surpresa de todos, rapidamente percebeu a realidade das *fintechs* como mais uma alternativa para melhorar a concorrência em nosso Sistema Financeiro Nacional...

Bem-vindas, *fintechs*.

REFERÊNCIAS BIBLIOGRÁFICAS

Artigo APURAÇÃO DO SPREAD NA INDÚSTRIA BANCÁRIA, produzido por solicitação da FEBRABAN (Federação Brasileira dos Bancos), publicado pela FIPECAFI - Fundação Instituto de Pesquisas Contábeis, Atuariais e Financeiras. Ano de 2005.

Artigo BANCOS AINDA NÃO REPASSARAM QUEDA DA SELIC A CLINTES. Valor Econômico, de 26.09.2019.

Artigo 192: LISERGIA É A NOSSA MAIS NOVA E PUJANTE COMMODITIE. https://medoedelirioembrasilia.wordpress.com/2019/07/12/dia-192-lisergia-e-a-nossa-mais-nova-e-pujante-commoditie-12-07-19/

COMO FAZER OS JUROS SEREM MAIS BAIXOS NO BRASIL – UMA PROPOSTA DOS BANCOS AO GOVERNO, CONGRESSO, JUDICIÁRIO E À SOCIEDADE. 2019. Publicação da FEBRABAN.

LE MONDE DIPLOMATIQUE BRASIL. A TAXA BÁSICA DE JUROS NO BRASIL É UMA ANOMALIA. Ano 8. N. 95.

LE MONDE DIPLOMATIQUE BRASIL. SELIC. Ano 8. N. 96.

MERCADO FINANCEIRO. Assaf Neto, Alexandre. Editora Atlas. 14ª edição. 2018.

NOTA TÉCNICA DO BANCO CENTRAL DO BRASIL 45 – INDICADOR DE CUSTO DO CRÉDITO – ICC – NOTA METODOLÓGICA. Junho de 2018.

PERSPECTIVA SENADO. CRÉDITO E SPREAD. CUSTO DA INTER-MEDIAÇÃO BANCÁRIA. Senado Federal. Estudos Técnicos. 2010.

VALOR ECONÔMICO. UMA ARMADILHA CONCEITUAL. André Lara Rezende. 08.03.2019.

VALOR ECONÔMICO. CHOQUES MONETÁRIOS. Eduardo Loyo. 31.05.2019

VALOR ECONÔMICO. O EQUÍVOCO DOS JUROS ALTOS. André Lara Rezende. 09.08.2019.

www.ingramcontent.com/pod-product-compliance
Lightning Source LLC
Chambersburg PA
CBHW031530210526
45463CB00010B/1827